누구나
쉽고 재미있게

사고력 수학

노크

PA2
(7~8세)

측정

이 책을 보시는 부모님들께

머리가 좋아야 수학을 잘 한다는 말이 있습니다. 또, 수학을 잘 못하는 아이는 아빠, 엄마의 머리를 물려받아서 그렇다는 등의 난데없는 유전자 논쟁이 벌어지기도 합니다. 하지만 많은 사람들의 일반적인 생각과는 달리 이는 근거없는 이야기입니다. 외국의 한 연구 기관에서 언어, 사회, 수학, 과학의 네 가지 분야 중 어떤 것이 아동의 선천적 재능에 영향을 받는지 조사한 연구 결과를 발표했는데 일반적인 예상과는 다르게 선천적 재능에 영향을 받는 순서는 사회, 언어, 과학, 수학 순이었습니다. 다시 말해, 수학은 여러 학문 분야 중 선천적인 재능보다는 후천적인 환경이나 교육자, 학습자의 노력에 가장 큰 영향을 받는 학문이라 볼 수 있습니다. 수학의 가장 기본이 되는 '수 영역'의 예를 들어 보겠습니다. 아이들이 수를 처음 접하는 시기의 차이는 있지만 실제 수에 대한 감각과 수를 다루는 연습은 생활 속에서의 체험이나 다양한 활동, 학습 속에서 이루어집니다. 즉, 수학의 가장 기본이 되는 수는 선천적으로 가진 재능과는 거의 연관이 없으며 자라나면서 어떤 환경에 놓이는지, 얼마나 많이 수를 생각할 수 있는 기회가 있는지, 나이에 맞는 올바른 학습을 만날 수 있는지에 좌우됩니다. 그러므로 아이의 수학적 발달에 문제가 있다면, 그 아이가 누구를 닮아서 그런지, 지능이 떨어지는지를 따질 것이 아니라 수학적 힘을 기를 수 있는 학습 환경을 어떻게 만들어줄 것인가를 고민해야 합니다.

국제영재교육연구소의 랜즐리 소장은 영재의 기준을 마련하기 위해 여러 연구를 시행한 결과, 영재의 공통적인 특징들을 발견하였습니다. 첫째는 115 이상의 지능지수(IQ), 둘째는 창의력(Creativity), 셋째는 동기적 요소라고 부르는 끈질긴 근성과 과제집착력이었습니다. 이들 세 가지 요소 역시 선천적으로 타고 나는 부분도 물론 있겠지만 대부분 후천적인 학습이나 교육 활동을 통해 기를 수 있는 능력이라는 데에 이의를 제기하기는 힘듭니다.

이 처럼 수학적 능력은 후천적 학습 환경에 주로 좌우되며, 특히 어린 시절에는 그러한 경향이 더더욱 두드러집니다. 하지만 우리의 아이들을 둘러싼 수학적 환경을 다시 한 번 돌아봅시다. 초등학교를 들어가기 전부터 과도한 학습량과 무의미한 반복 활동, 이후의 수학 학습에 오히려 방해가 될 정도로 무리한 선행 학습 등의 환경은 아이의 수학적 힘을 길러주기보다는 수학에서 가장 중요한 창의적 사고력을 기를 수 있는 기회를 박탈함과 동시에 수학에 대한 흥미를 급속하게 떨어뜨리게 하여 수학으로 문제를 해결하려는 의지, 즉 수학적 동기를 스스로에게 부여하는 것을 불가능하게 만들어 버립니다. 중요한 것은 남들보다 먼저, 그리고 더 많이 수학적 지식을 머리 속에 주입하는 것이 아니라 태어나서부터 누구나 가지고 있는 수학에 대한 관심, 그리고 수학으로 생각하는 힘을 일깨워주는 것입니다.

수학을 잘할 수 있는 힘,

수학적 잠재력은 이미 여러분 아이들의 머릿 속에 줄곧 있어왔습니다. 단지 어떤 아이는 그것을 찾아내어 드러낼 수 있었고, 어떤 아이는 꼭꼭 숨긴 채 평생 드러나지 않을 뿐입니다. 이러한 수학적 잠재력에 대한 참신한 자극 – 생각을 두드리는 '노크'를 제안하려 합니다. '노크'는 수학적 지식과 스킬만을 무리하게 밀어넣지 않습니다. 왜 수학을 해야 하고, 어떻게 수학으로 가능한지 끊임없이 스스로 생각하게하는 계기로서의 활동이 되려 합니다. 일상으로부터 괴리된 학문으로서의 수학이 아닌, 삶을 살아가며 반드시 키워야 할 논리적, 합리적 사고력을 기를 수 있는 누구에게나 가장 중요한 경쟁력으로서의 수학을 주장합니다. '노크'야말로 새로운 수학 학습의 길을 보여주는 방향타가 될 것입니다.

한 현 조

똑!똑! 사고력 수학 노크의 구성

시작 : 생각열기

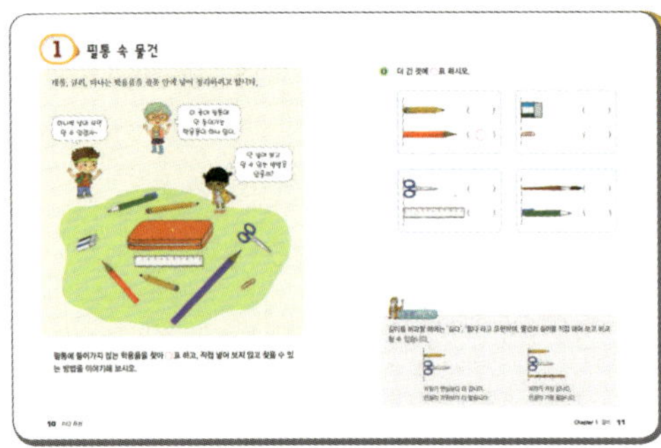

사고력 수학 주제에 맞는 수학적 상황, 수학사, 생활 속 수학 이야기 등의 자유로운 형식으로 흥미를 유발하고, 수학적 사고를 자극하는 주제별 프롤로그

노크 포인트

문제 해결의 핵심적 원리를 '콕!' 집어서 간결하게 요약한 사고력 수학 주제별 포인트

전개 : 유형 탐구

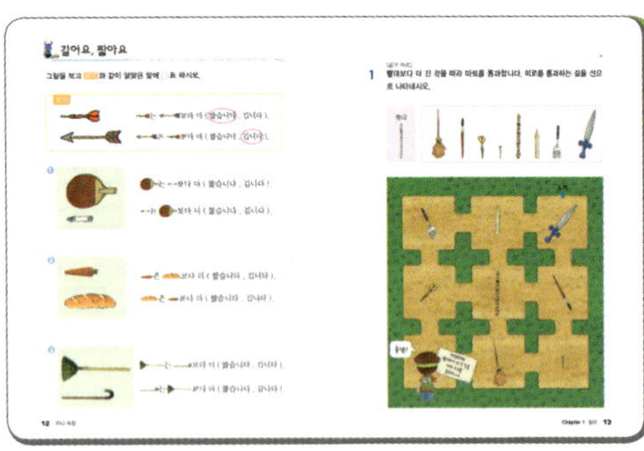

사고력 수학의 대표 유형을 노크만의 새로운 방법으로 차근차근 한 단계씩 익히고 해결하는 단계적 유형 탐구와 이를 통해 익힌 방법적 원리를 적용, 확장하는 확인 문항

수학 요정들의 친절한 충고와 꼬마 요괴들의 밉살스럽지만 유용한 조언으로 어려운 발전 문항의 해결을 돕는 문제 해결 도우미 박스

발전 : 창의적 문제해결력

3개의 사고력 수학 주제를 갈무리하는, 한 차원 높은 창의력과 복합적인 사고력을 요구하는 발전 문항의 끝판왕

마무리 : 정답 및 해설

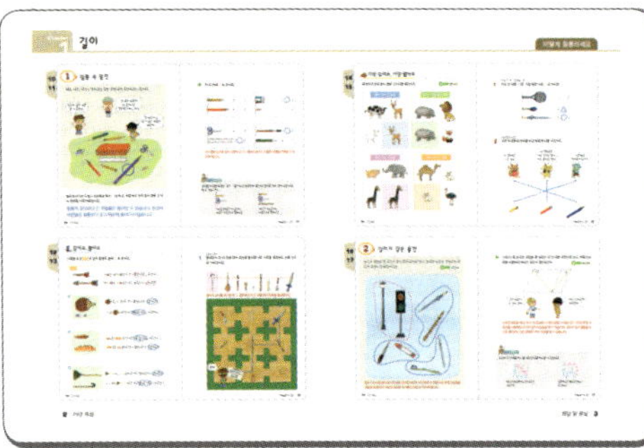

본문에 그대로 첨삭된 정답과 간략한 풀이 과정을 통한 사고력 수학 활동 피드백으로 마무리

노크
캐릭터 소개

지식을 되찾기 위해 노크랜드로 떠난 모험가 친구들

태돌
추진력 대장

현우
끈기 도령

티나
치밀한 전략가

큐리
호기심 해결사

마법사 멀린과 수학 요정

마법사 멀린

노크랜드의 지식의 수호자. 지식을 파괴하려는 대마왕의 음모에 맞서 모험을 떠난 친구들의 든든한 조력자.

아르키메데스

페르마

플라톤

파스칼

피타고라스

가우스

유클리드

오일러

대마왕과 꼬마 요괴

대마왕

노크랜드의 지식의 파괴자. 세계를 차지하기 위해 모든 지식을 없애버리려고 하는 요괴들의 두목.

딴소리

한입

장난

잘난척

딴짓

멍하니

잠만자

대충이

산만해

울보

거꾸로

뛰어

이 책의 **차 례**

Chapter 1

길이

 **필통 속 물건**

태돌, 큐리, 티나는 학용품을 필통 안에 넣어 정리하려고 합니다.

필통에 들어가지 않는 학용품을 찾아 ◯표 하고, 직접 넣어 보지 않고 찾을 수 있는 방법을 이야기해 보시오.

8 더 긴 것에 ◯표 하시오.

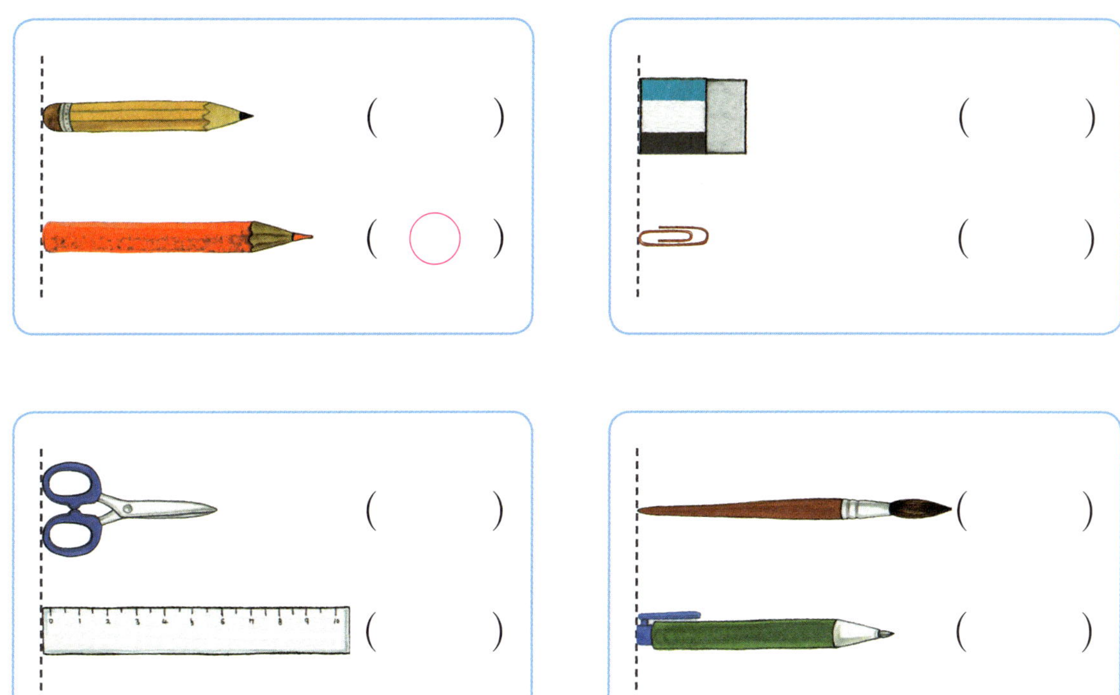

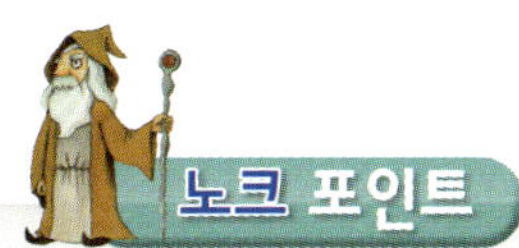

노크 포인트

길이를 비교할 때에는 '길다', '짧다'라고 표현하며, 물건의 길이를 직접 대어 보고 비교할 수 있습니다.

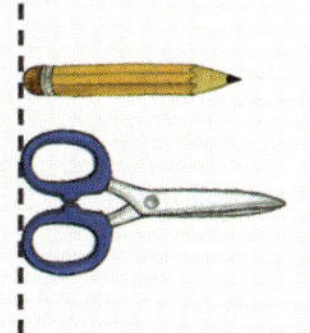

가위가 연필보다 더 깁니다.
연필이 가위보다 더 짧습니다.

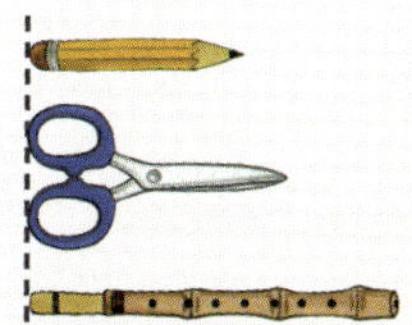

피리가 가장 깁니다.
연필이 가장 짧습니다.

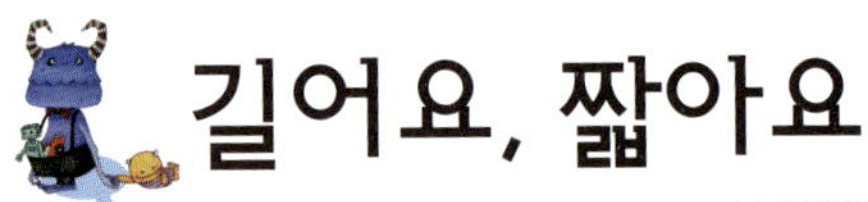 # 길어요, 짧아요

그림을 보고 보기 와 같이 알맞은 말에 ◯표 하시오.

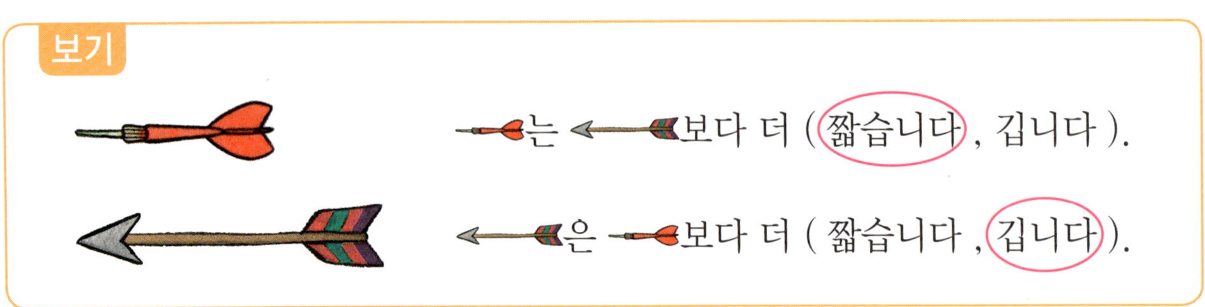

1

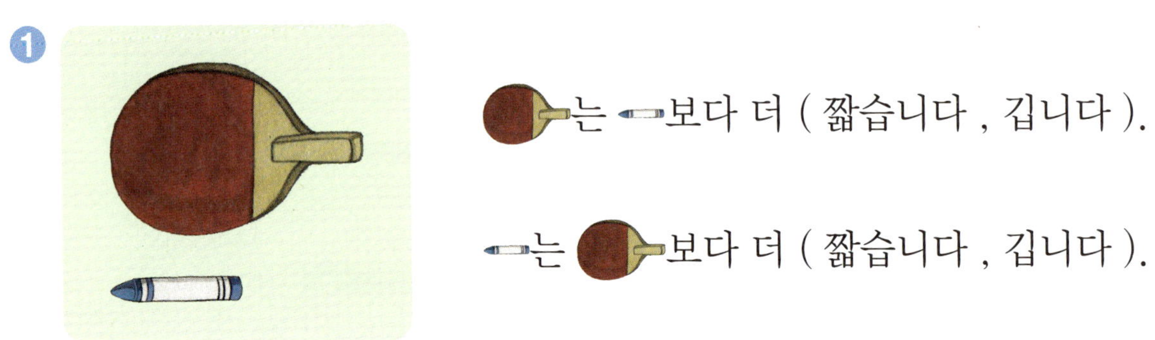

2

3

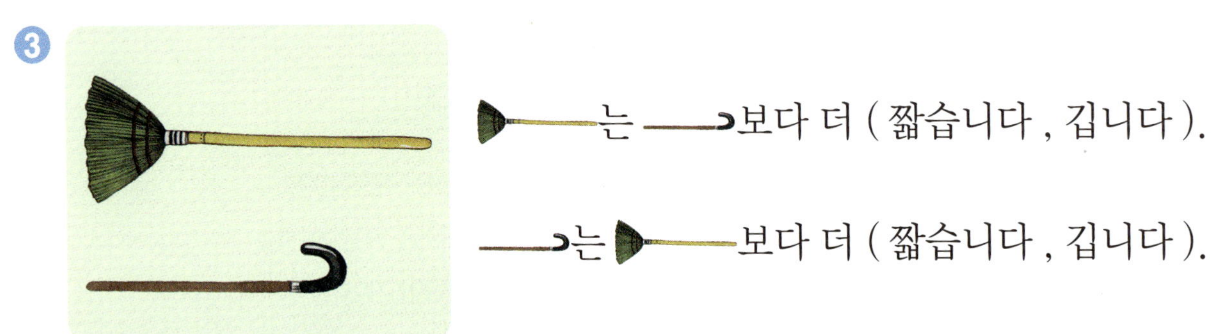

1 빨대보다 더 긴 것을 따라 미로를 통과합니다. 미로를 통과하는 길을 선으로 나타내시오.

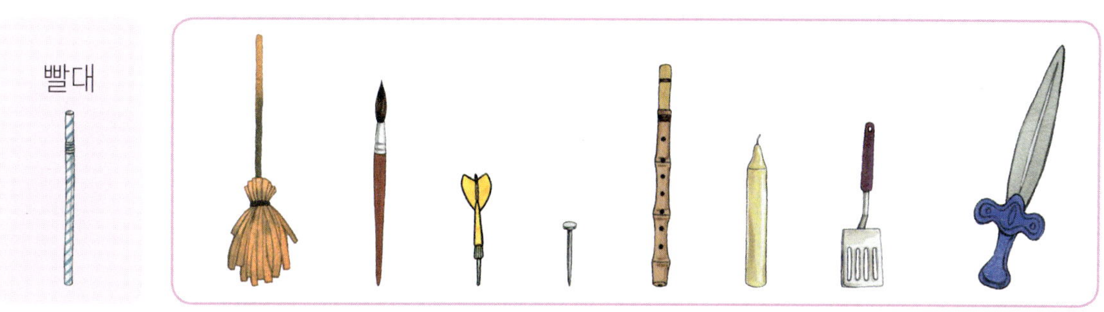

가장 길어요, 가장 짧아요

주어진 조건에 맞는 동물 스티커를 붙이시오.

1 가장 긴 것에 ◯표, 가장 짧은 것에 △표 하시오.

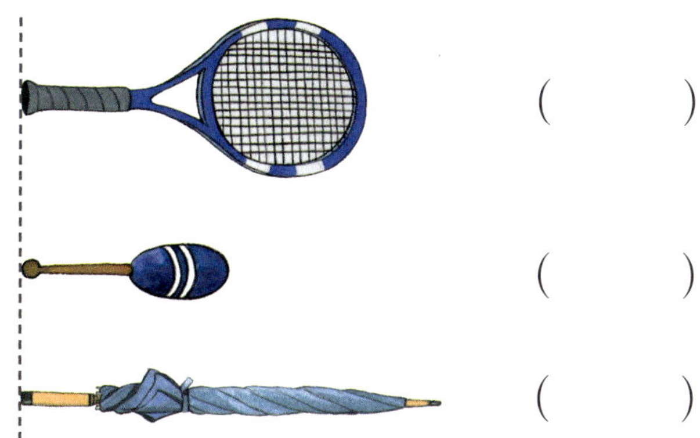

(　　　)

(　　　)

(　　　)

2 꼬마 요괴들의 대화를 보고 알맞게 선을 이으시오.

2 길이가 같은 물건

눈으로 보았을 때 길이가 같은 것끼리 서로 묶고, 투명 모눈판을 사용하여 바르게 묶었는지 확인하시오.

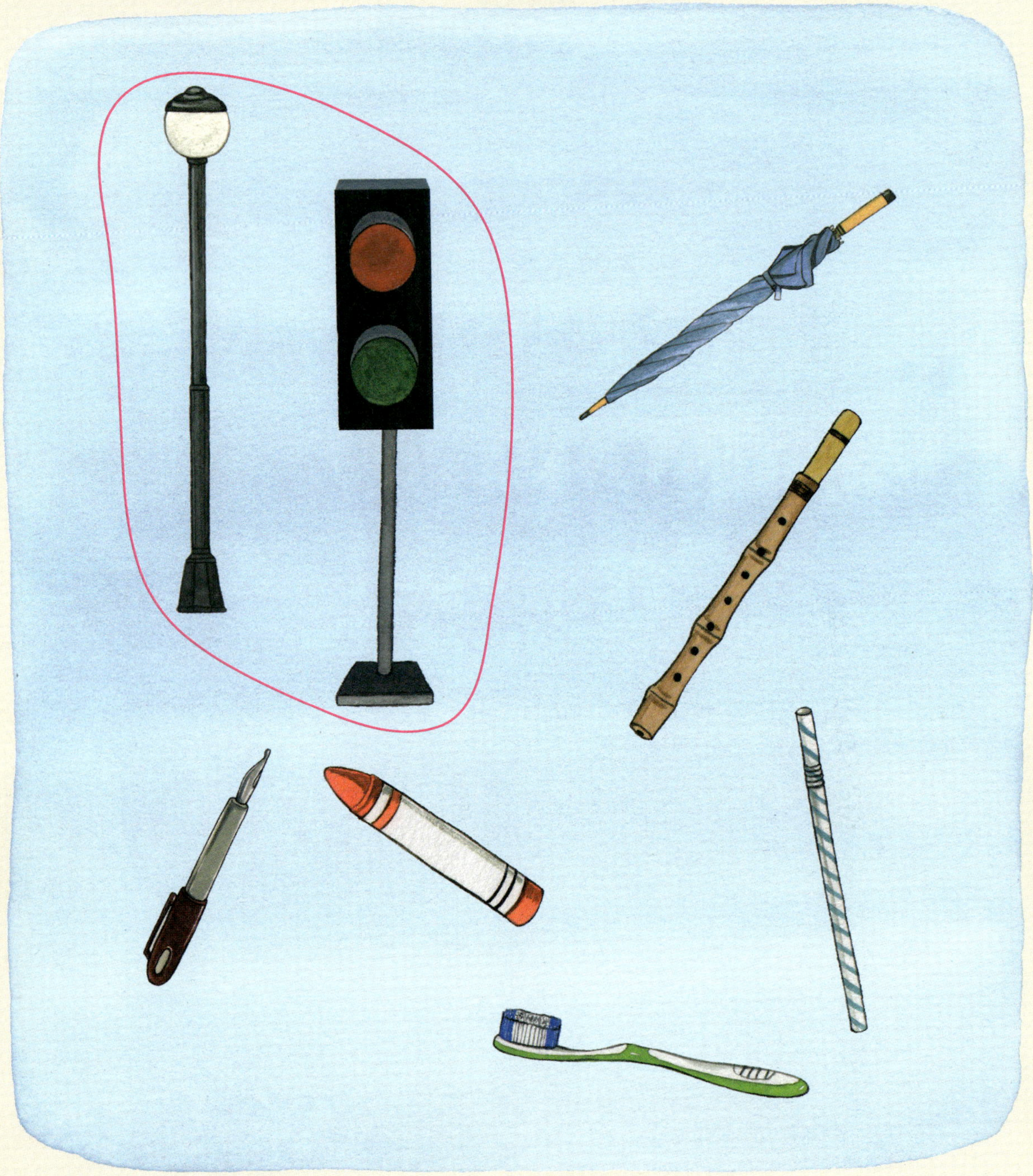

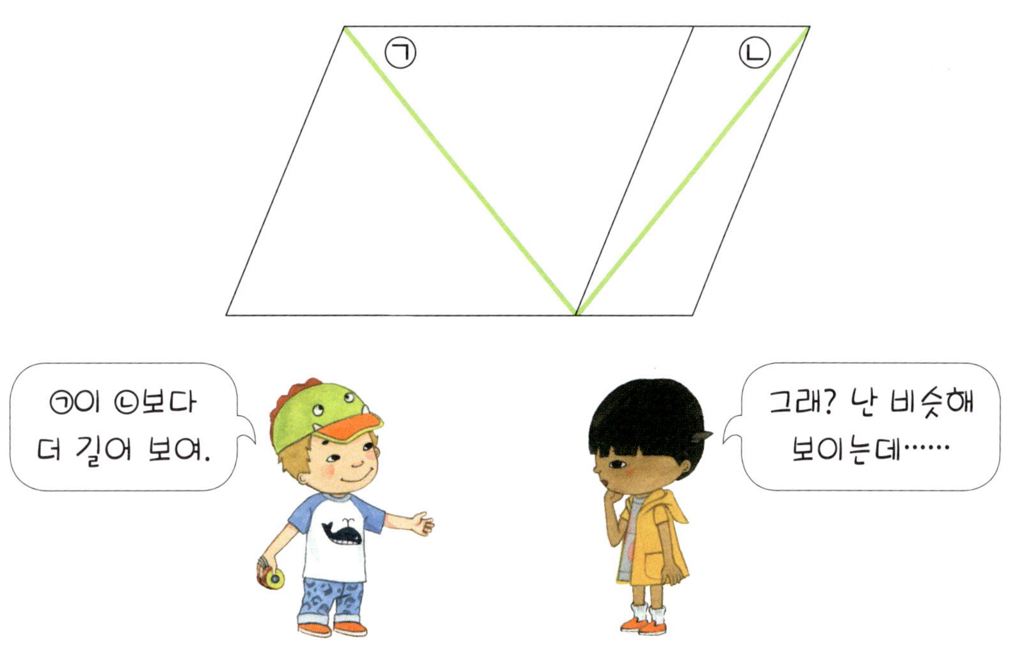

ㄱ과 ㄴ 중 눈으로 보았을 때 길이가 더 긴 선은 무엇인지 쓰고, 투명 모눈판을 사용하여 예상이 맞는지 확인하시오.

준비물 투명 모눈판

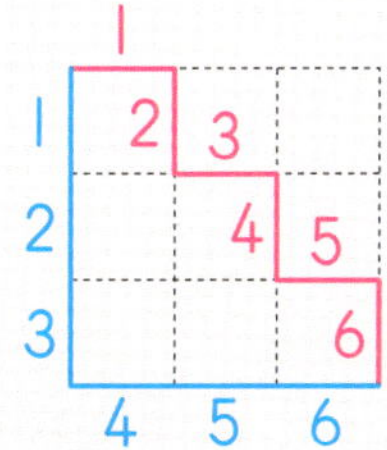

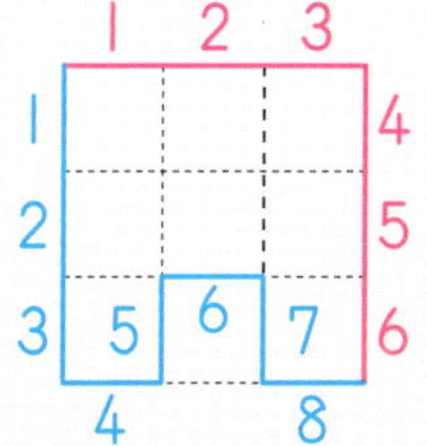

노크 포인트

모눈의 수나 매듭의 수를 세어 길이를 비교할 수 있습니다.

파란색 선과 빨간색 선의 길이가
같습니다.

파란색 선이 빨간색 선보다
더 깁니다.

긴 것부터

가장 긴 것부터 짧은 것까지 차례로 선을 이으시오.

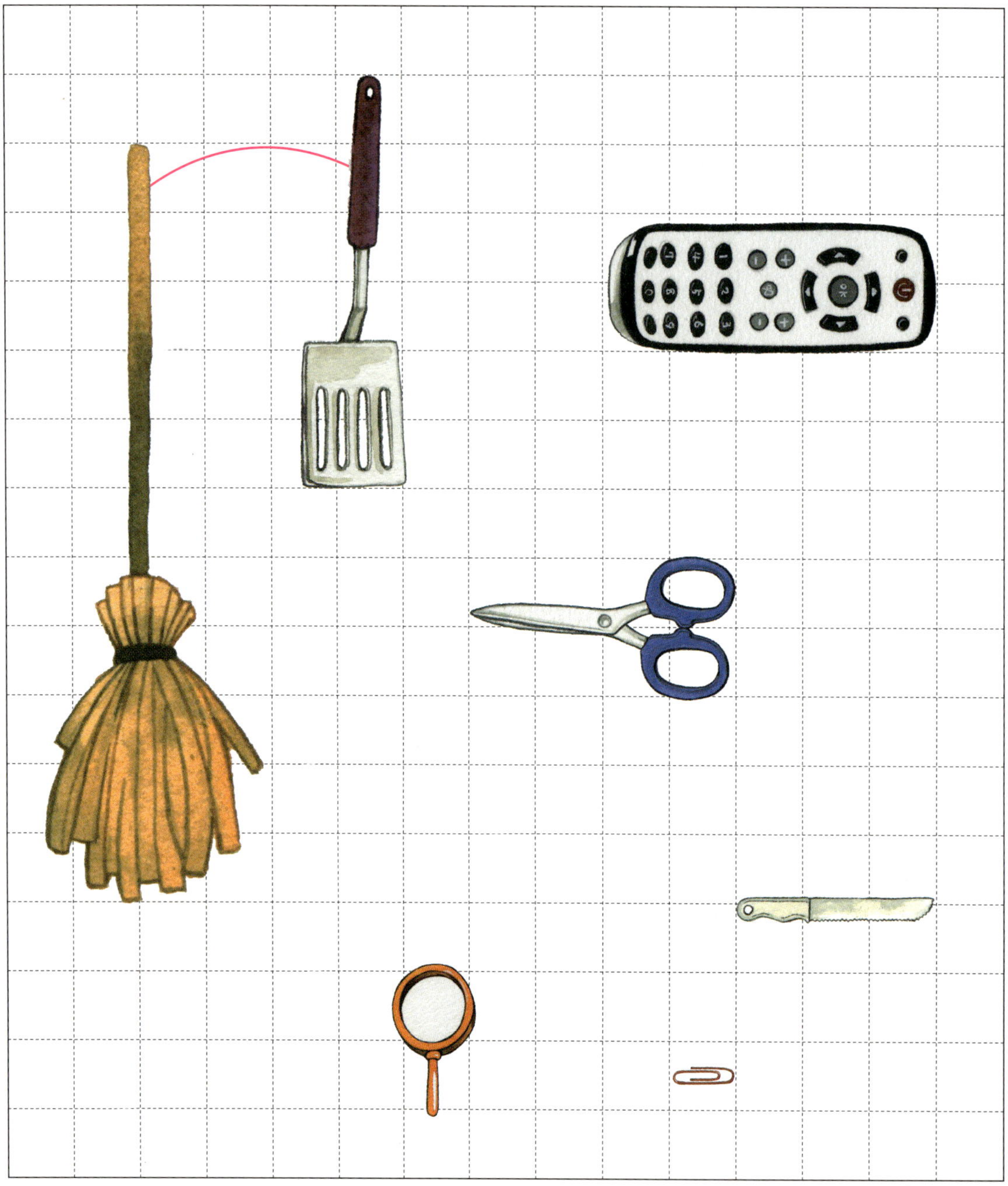

1 긴 자동차부터 차례로 1, 2, 3을 써넣으시오.

길 옆에 있는 벽의
무늬가 꼭 모눈처럼
보이지 않니?

2 긴 것부터 차례로 기호를 쓰시오.

가장 짧은 선부터 차례로 1, 2, 3을 써넣으시오.

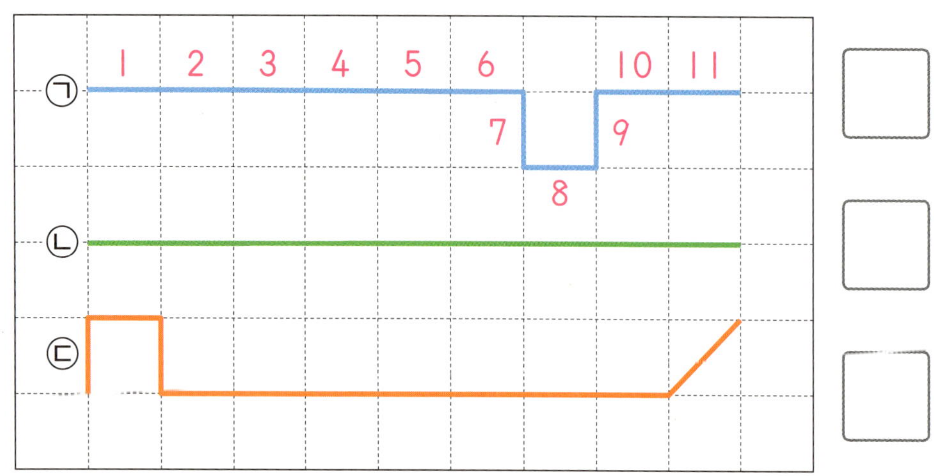

❶ 선 ㉠, ㉡, ㉢이 각각 모눈 몇 칸을 지나는지 세어 ☐ 안에 써넣으시오.

선 ㉠: ☐ 또는 ☐ → 모두 **11** 칸,   선 ㉡: ☐ → 모두 ☐ 칸

선 ㉢: ☐ 또는 ☐ → 모두 ☐ 칸, ◻ → 모두 ☐ 칸

❷ ❶에서 센 칸 수를 보고 가장 짧은 선의 기호를 쓰시오.

❸ ❶에서 센 칸 수를 보고 선 ㉠과 선 ㉢ 중 더 짧은 선의 기호를 쓰시오.

❹ 가장 짧은 선부터 차례로 1, 2, 3을 쓰시오.

1 운동장에서 큐리, 티나, 현우가 다음과 같이 줄을 잡고 있습니다. 티나와 현우 중 더 긴 줄을 잡고 있는 사람은 누구입니까?

2 모눈의 선을 따라 왼쪽 선보다 더 긴 선을 오른쪽에 그리시오.

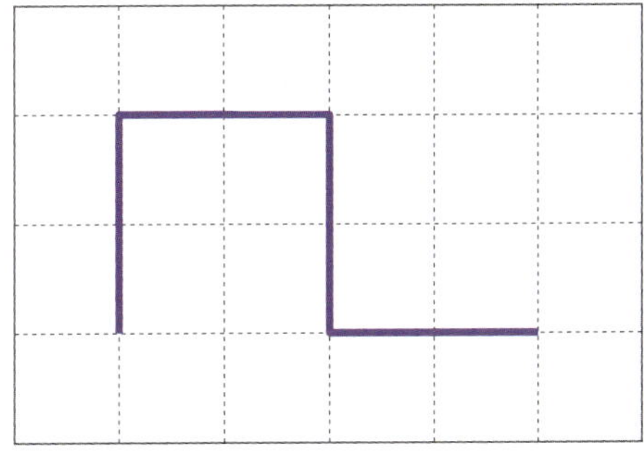
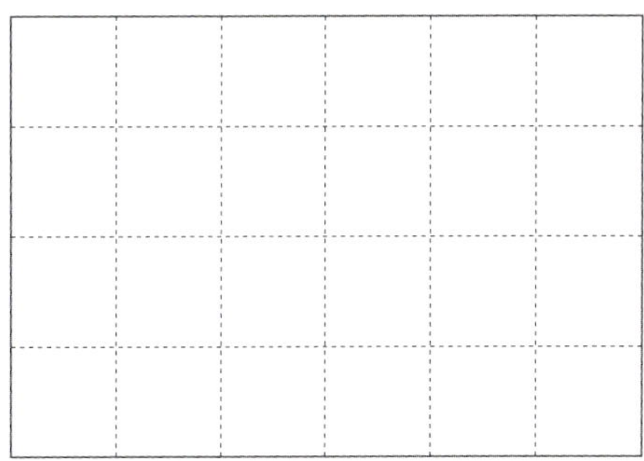

3 구부러진 선

딴짓 요괴와 울보 요괴가 대마왕의 성에 낙서를 하였습니다.

딴짓 요괴

울보 요괴

대마왕은 낙서를 보고 더 긴 선을 그은 요괴를 찾고 있습니다. 꼬마 요괴의 낙서와 같은 구부러진 선의 길이를 비교할 수 있는 방법을 이야기해 보시오.

딴짓 요괴와 울보 요괴 중 누가 그은 선이 더 긴지 앞의 방법을 사용하여 구하시오.

딴짓 요괴   울보 요괴

노크 포인트

굽은 선의 길이는 선을 따라 실이나 줄을 올린 다음 실을 펴서 길이를 비교할 수 있습니다.

→ 주황색 선이 초록색 선보다 더 깁니다.

줄의 길이

라푼젤이 성에서 나가기 위해서는 다음 중 가장 긴 줄이 필요합니다. 모두 같은 간격으로 매듭이 있는 3개의 줄 중에서 라푼젤에게 필요한 줄의 기호를 쓰시오.

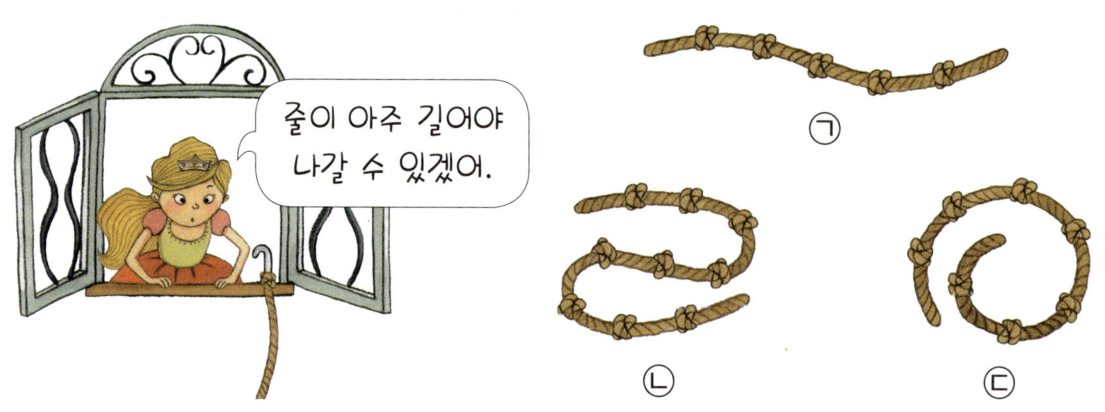

❶ 줄 ㉠, ㉡, ㉢의 길이를 비교할 수 있는 방법을 이야기해 보시오.

❷ 줄 ㉠, ㉡, ㉢의 매듭의 수를 세어 ☐ 안에 각각 써넣으시오.

㉠: 5 개   ㉡: ☐ 개   ㉢: ☐ 개

❸ 매듭의 수가 많을수록 줄의 길이가 긴 것입니다. 라푼젤에게 필요한 줄의 기호를 쓰시오.

1 다음은 길이가 모두 같은 리본 조각을 겹치지 않게 이어 붙여 만든 것입니다. 긴 것부터 차례로 1, 2, 3을 써넣으시오.

2 마법 나라에 사는 뱀은 길이가 길수록 더 무서운 마법을 부릴 수 있습니다. 가장 무서운 마법을 부리는 뱀을 찾아 ◯표 하시오.

감겨 있는 줄의 길이

코끼리가 긴 코로 통나무를 들고 있습니다. 그림을 보고 코가 가장 짧은 코끼리의 기호를 쓰시오.

㉠　　　　　　　㉡　　　　　　　㉢

❶ 다음 그림은 세 코끼리가 들고 있는 통나무를 옆에서 본 것입니다. 각 통나무에 코끼리의 코가 닿은 부분을 표시하시오.

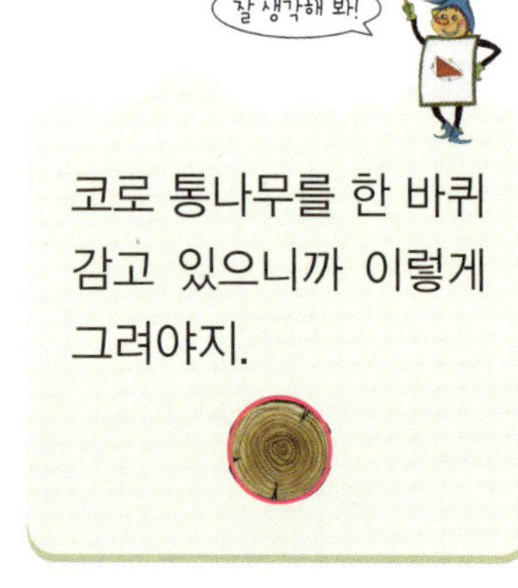

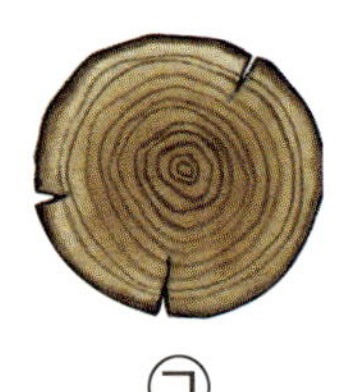

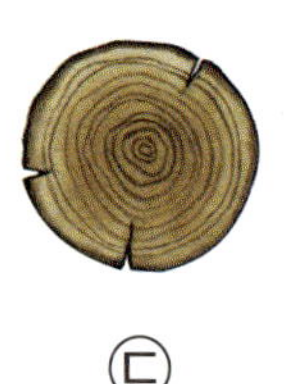

㉠　　　　　㉡　　　　　㉢

❷ ❶에서 표시한 길이 중 가장 짧은 길이의 기호를 쓰시오.

❸ 코가 가장 짧은 코끼리의 기호를 쓰시오.

1 티나, 태돌, 큐리가 연을 날리고 있습니다. 세 사람 중 연을 가장 높이 날릴 수 있는 사람은 누구인지 쓰시오.

창의적 문제해결력

1 티나, 태돌, 큐리, 현우가 자신의 페인트 통에 막대를 넣었다 꺼냈습니다. 페인트를 가장 많이 가지고 있는 사람은 누구입니까? (단, 페인트 통은 모두 똑같습니다.)

2 다음은 거짓말을 해서 코가 점점 길어지는 피노키오의 사진입니다. 코의 길이를 보고 ☐ 안에 순서대로 사진을 붙이시오.

높이, 거리

4 놀이터

큐리와 현우가 놀이터에서 그네를 탑니다.

큐리와 현우 중 그네를 타고 더 높이 올라간 사람을 찾아 ◯표 하시오.

큐리

현우

더 높은 것에 ◯표 하시오.

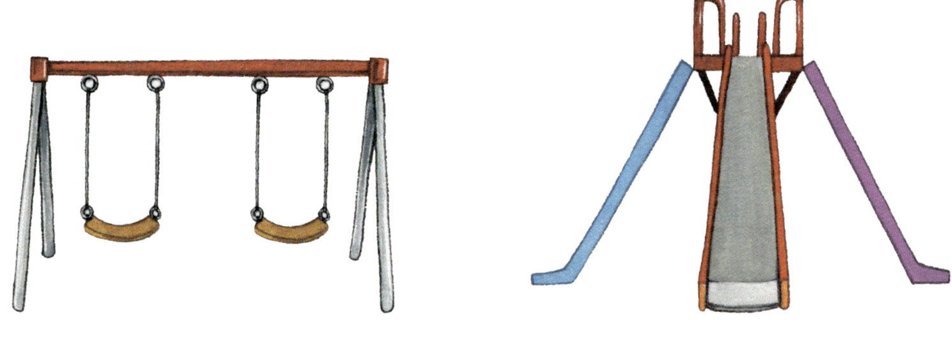

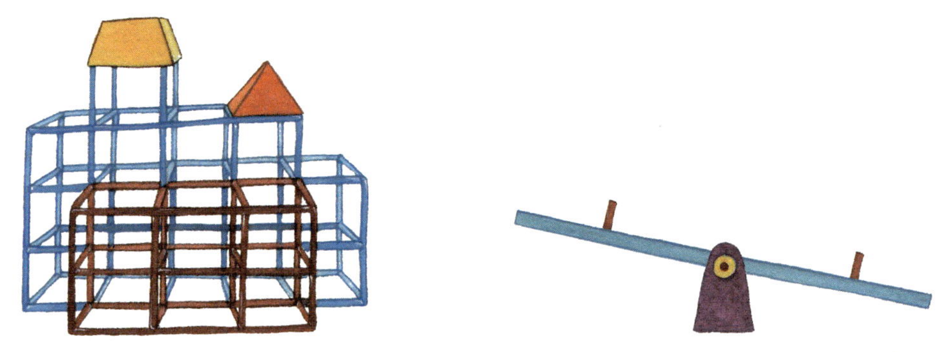

높이를 비교할 때에는 '높다', '낮다'라고 말합니다.

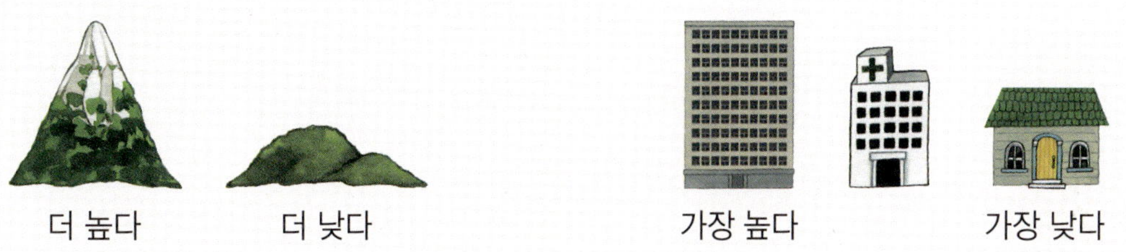

더 높다　　　더 낮다　　　　　가장 높다　　　가장 낮다

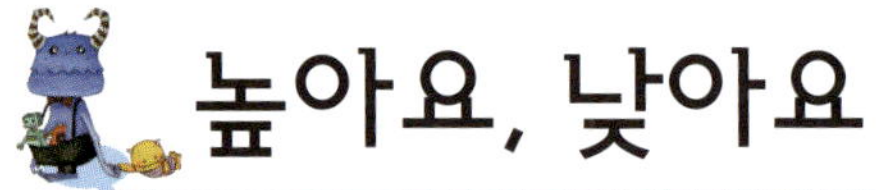
높아요, 낮아요

티나가 살고 있는 동네의 모습입니다. 다음 물음에 답하시오.

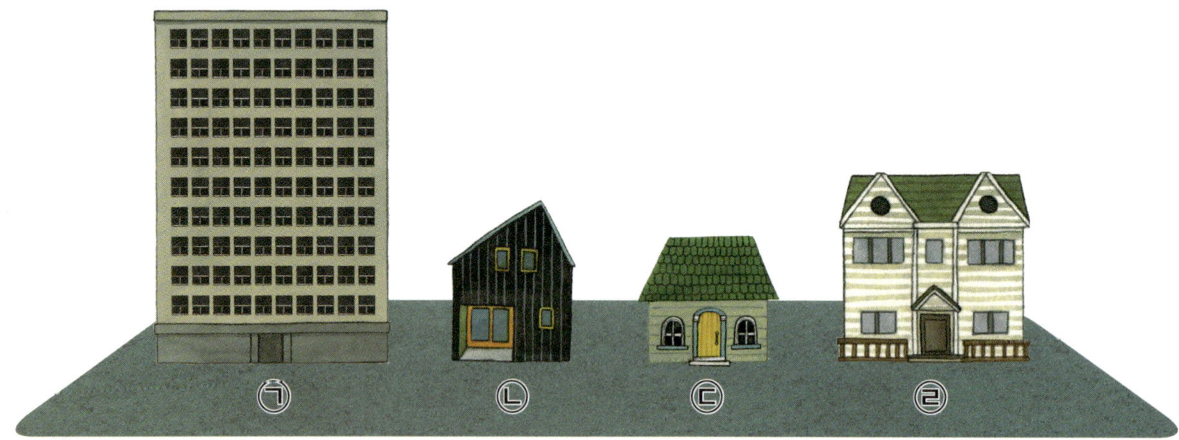

❶ 티나는 그림에서 보이는 가장 낮은 집에 살고 있습니다. 티나네 집은 어디인지 기호를 쓰시오.

❷ 티나의 친구 태돌이는 티나네와 이웃한 집 중 더 높은 집에 살고 있습니다. 태돌이네 집은 어디인지 기호를 쓰시오.

❸ 티나와 태돌이는 그림에서 보이는 가장 높은 건물에 있는 치과에 다닙니다. 치과가 있는 건물은 어디인지 기호를 쓰시오.

1

마법 나라에는 커다란 간식 나무 아래에 서서 소원을 말하면 바구니 안에 간식이 나타납니다. 주문을 보고 꼬마 요괴들이 원하는 간식 스티커를 붙이시오.

준비물 간식 스티커

 # 높은 곳, 높은 건물

큐리네 가족이 여행간 섬에 다음과 같이 아파트, 절, 교회가 있습니다. 다음 물음에 답하시오.

❶ 큐리는 섬에서 가장 높은 곳에 있는 건물에 다녀왔습니다. 큐리가 다녀온 곳은 어디인지 쓰시오.

❷ 아파트, 절, 교회 중에서 가장 높은 건물을 쓰시오.

❸ 교회보다 더 낮은 곳에 있는 건물을 쓰시오.

1 그림을 보고 물음에 답하시오.

❶ 가장 높은 곳에 있는 건물부터 차례로 기호를 쓰시오.

❷ 가장 높은 건물부터 차례로 기호를 쓰시오.

[건물의 위치]

2 조건 에 맞게 주어진 건물의 위치를 정하여 스티커를 붙이시오.

조건

1. 두 건물 중 더 높은 건물은 높은 산의 꼭대기에 있습니다.
2. 두 건물 중 더 낮은 건물은 낮은 산의 꼭대기에 있습니다.

5 비교하는 말

높이를 비교하는 말에 ◯표, 키를 비교하는 말에 △표 하시오.

📀 언니 초이와 티나가 찍은 사진을 보고 밑줄 친 말을 바르게 고치시오.

노크 포인트

사람이나 동물의 키를 비교할 때에는 '크다', '작다'라고 말합니다.

더 크다　　더 작다

가장 크다　　가장 작다

키 비교하기

숲속에 동물 친구들이 모였습니다. 오리 모양 카드를 이용하여 오리보다 키가 큰 동물을 모두 찾아 ◯표 하시오.

1 현우네 가족 사진을 보고 다음 물음에 답하시오.

❶ 위의 사진을 보고 키가 큰 순서대로 1, 2, 3, 4, 5를 써넣으시오.

❷ 다음을 보고 알맞은 사람의 얼굴 스티커를 █ 안에 붙이시오.

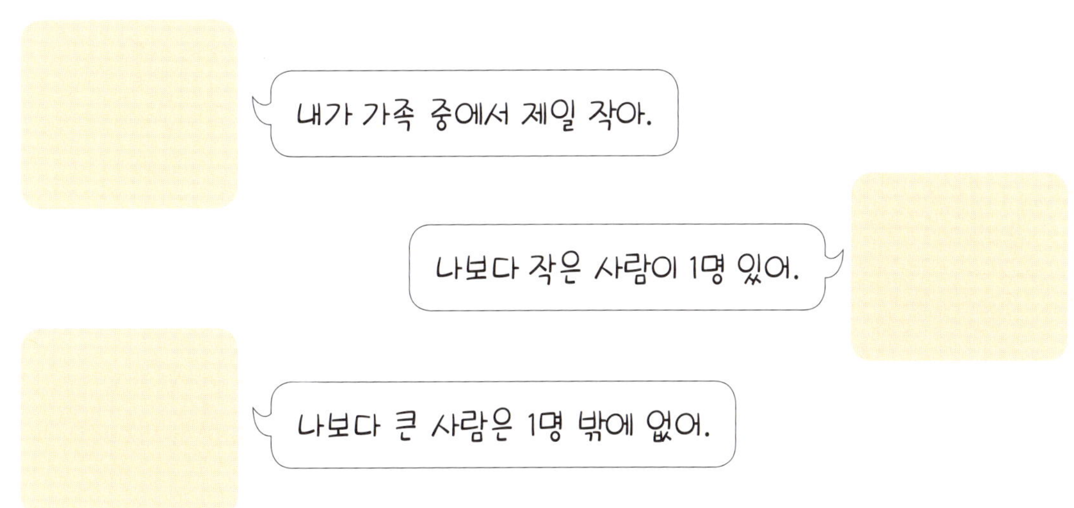

위치가 다른 키 비교하기

범상, 연아, 정환이가 철봉에 오래 매달리기를 하고 있습니다. 세 사람 중 키가 가장 큰 사람과 가장 작은 사람의 이름을 차례로 쓰시오.

❶ 범상, 연아, 정환이의 발끝의 위치가 모두 같습니다. 세 사람의 발끝을 모두 지나는 선을 그으시오.

❷ ❶에서 그은 선을 땅이라고 생각합니다. 범상, 연아, 정환이 모두 땅 위에 ❶과 같이 서 있다고 할 때, 세 사람의 키의 순서를 생각해 보시오.

❸ 키가 가장 큰 사람과 가장 작은 사람의 이름을 차례로 쓰시오.

1 늦잠 자기 대회에서 한입 요괴가 1등, 장난 요괴가 2등, 거꾸로 요괴가 3등을 하였습니다. 세 요괴 중 키가 가장 큰 요괴의 이름을 쓰시오.

2 토끼, 염소, 타조, 기린이 머리 끝의 위치가 모두 같도록 서 있습니다. 키가 가장 작은 동물부터 차례로 이름을 쓰시오.

6 과녁에서의 거리

태돌이가 양궁 연습을 하며 과녁판에 화살을 쏘고 있습니다.

과녁판의 중심에 가까운 곳을 맞힐수록 점수가 높습니다. 태돌이가 과녁판에 맞힌 화살 중 점수가 가장 높은 화살의 기호를 쓰시오.

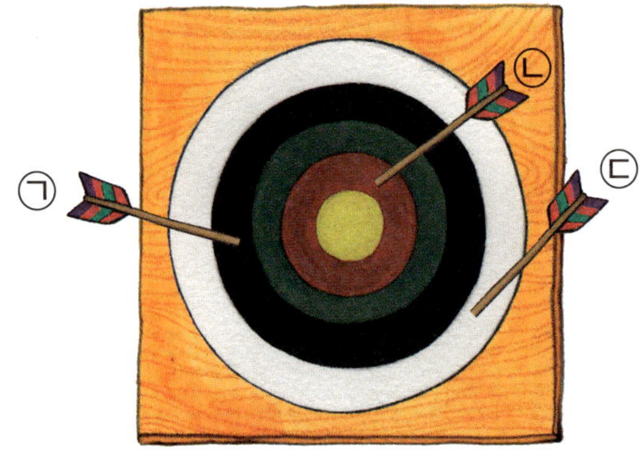

파란 다트는 노란 다트와 빨간 다트보다 과녁판의 중심에서 더 먼 곳에 꽂혔습니다. 스티커를 사용하여 과녁판 위에 파란 다트를 나타내시오.

기준점에서부터 떨어져 있는 거리를 비교할 때에는 '멀다', '가깝다'라고 표현합니다.

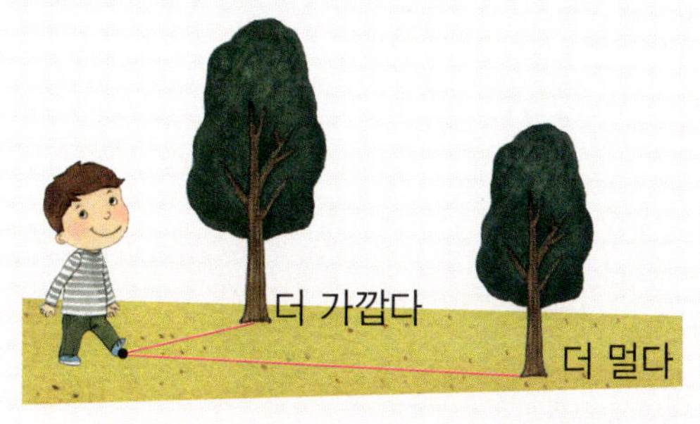

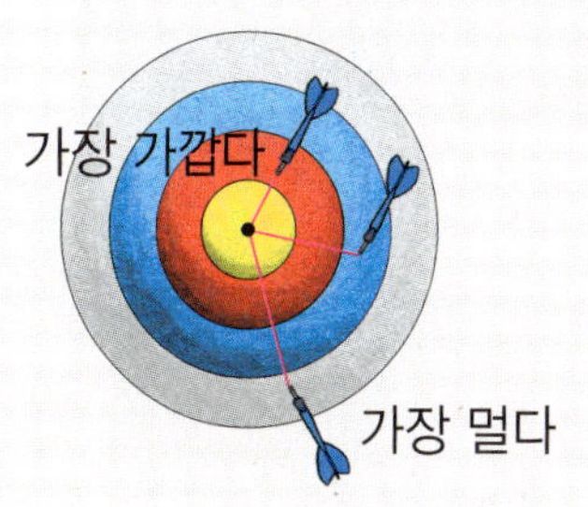

가까워요, 멀어요

태돌, 현우, 티나가 공 던지기를 하여 자신의 공이 떨어진 자리에 깃발을 꽂았습니다. 공을 가장 멀리 던진 사람은 누구인지 구하시오.

준비물 종이 리본

❶ 태돌이가 서 있는 곳에서 각 깃발까지의 거리를 종이 리본을 사용하여 재고, 길이에 맞게 리본을 잘라 아래에 붙입니다.

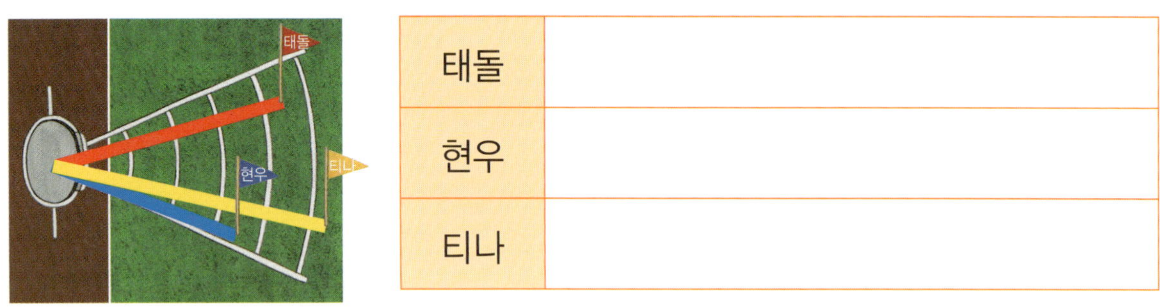

태돌	
현우	
티나	

❷ ❶에서 붙인 종이 리본의 길이가 길수록 공을 더 멀리 던진 것입니다. 공을 가장 멀리 던진 사람의 이름을 쓰시오.

[천체]

1 천체는 태양의 주위를 돌고 있습니다. 수성, 금성, 화성도 지구와 같이 태양의 주위를 돕니다. 조건 에 맞게 천체 스티커를 붙여 보시오.

조건

1. 지구, 수성, 금성, 화성은 각각 흰색 선을 따라 태양 주위를 돕니다.
2. 화성은 지구보다 태양에서 더 멀리 있습니다.
3. 수성은 태양에 가장 가까이 있습니다.

다음은 현우와 큐리가 살고 있는 마을을 그린 것입니다. 그림을 보고 물음에 답하시오.

① 다음 중 현우네 집에서 가장 가까운 곳에 ○표, 가장 먼 곳에 △표 하시오.

  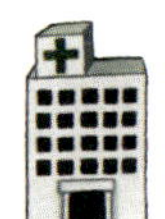   

② 다음 중 큐리네 집에서 가장 가까운 곳에 ○표, 가장 먼 곳에 △표 하시오.

  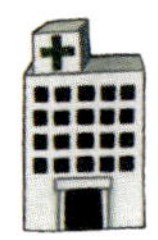   

③ 현우와 큐리가 ▨ 에서 만나기로 하였습니다. ▨ 는 누구네 집에서 더 가까운지 쓰시오.

1 꼬마 요괴들이 살고 있는 마을의 그림에 요괴들의 집을 표시하였습니다. 잠만자 요괴의 집을 보고 다른 요괴들의 집은 ㉠, ㉡, ㉢, ㉣, ㉤ 중 어디인지 ☐ 안에 알맞은 기호를 써넣으시오.

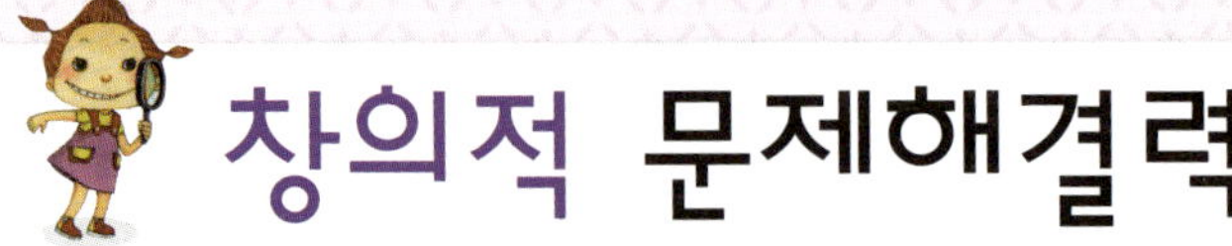

창의적 문제해결력

1 현우가 빨간색, 파란색, 노란색 종이로 비행기를 접어서 날리고 있습니다. □ 안에 알맞은 비행기의 색을 써넣으시오.

- 가장 높이 날고 있는 비행기: □색 비행기

- 가장 낮게 날고 있는 비행기: □색 비행기

- 가장 가깝게 있는 비행기: □색 비행기

- 가장 멀리 날아간 비행기: □색 비행기

2 티나네 가족들이 조건 에 맞게 의자에 앉습니다. 의자 위에 앉는 사람의 얼굴 스티커를 붙이시오.

준비물 티나 가족 스티커

조건

1. 키가 가장 큰 사람이 가장 낮은 의자에 앉습니다.
2. 어머니는 가장 긴 의자에 앉습니다.
3. 언니는 아버지가 앉은 의자에서 가장 멀리 있는 의자에 앉습니다.
4. 티나는 가장 높은 의자에 앉습니다.

아버지	어머니	언니	티나

⊙   ⓛ   ⓒ   ⓔ   ⓜ

Chapter 3

무게, 넓이, 담을 수 있는 양

무게

큐리는 꼬마 요괴들이 이야기하는 물건을 가지고 성문을 통과합니다. 마지막 성문을 통과한 후 큐리가 가지고 온 3가지 물건을 상자에 담으시오.

준비물 물건 스티커

그림을 보고 알맞은 말에 ◯표 하시오.

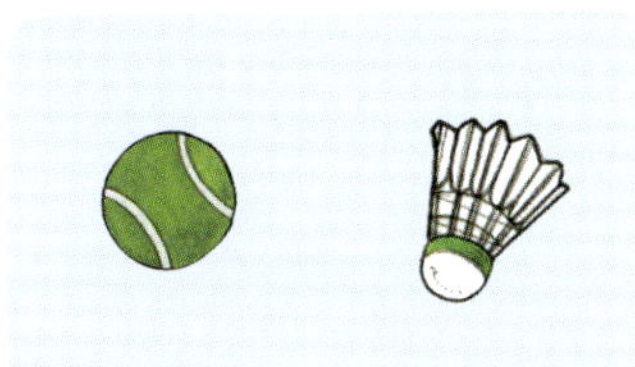

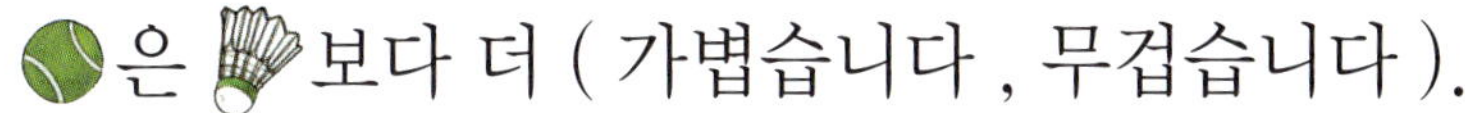
은 보다 더 (가볍습니다 , 무겁습니다).

은 보다 더 (가볍습니다 , 무겁습니다).

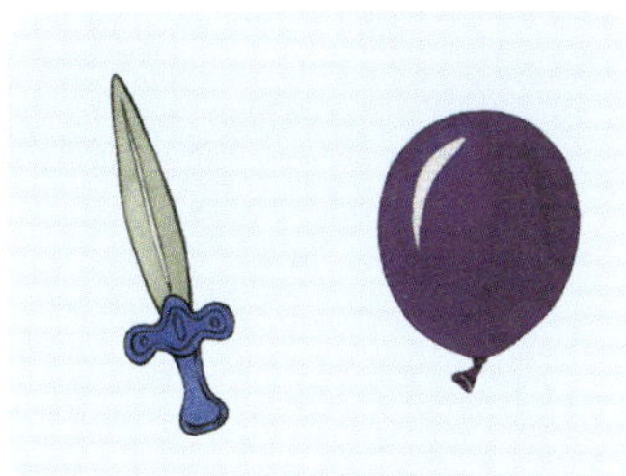

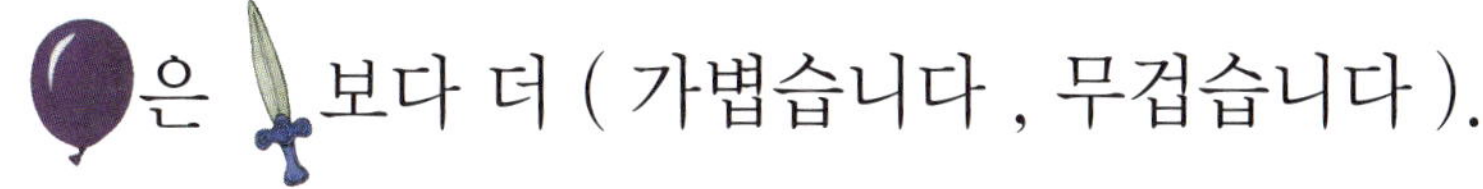은 보다 더 (가볍습니다 , 무겁습니다).

은 보다 더 (가볍습니다 , 무겁습니다).

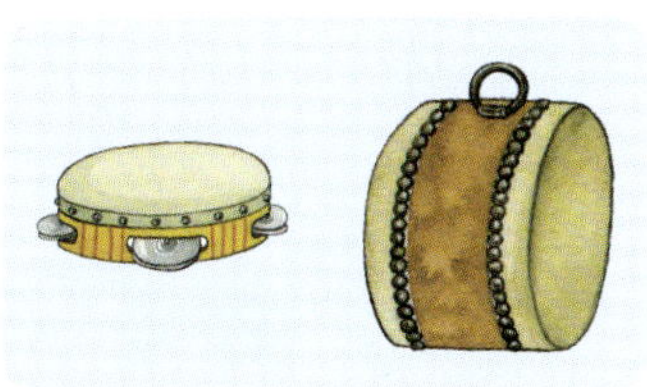

은 보다 더 (가볍습니다 , 무겁습니다).

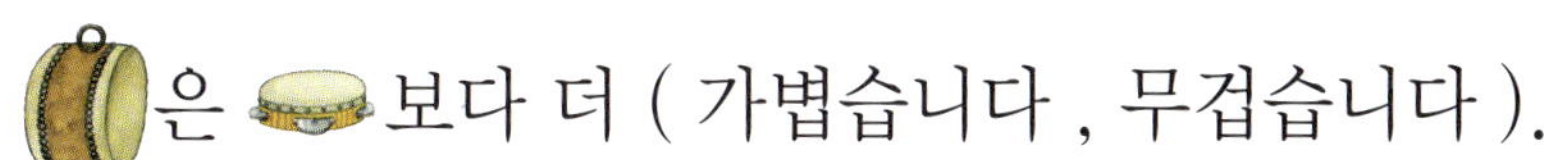은 보다 더 (가볍습니다 , 무겁습니다).

노크 포인트

무게를 비교할 때에는 '무겁다', '가볍다'라고 말합니다.

더 무겁다　　더 가볍다

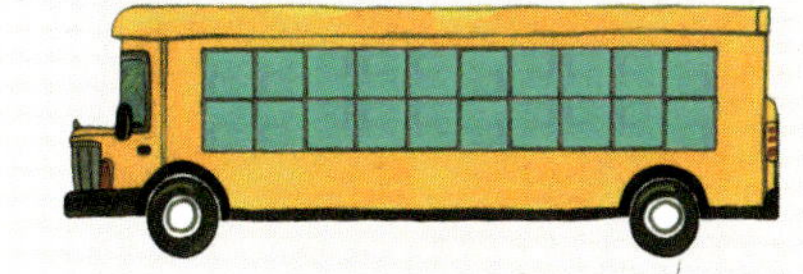
가장 무겁다

가장 가볍다

시소나 저울은 무거운 쪽이 내려가는 원리를 이용하여 무게를 비교합니다.

가 　보다 더 무겁습니다.

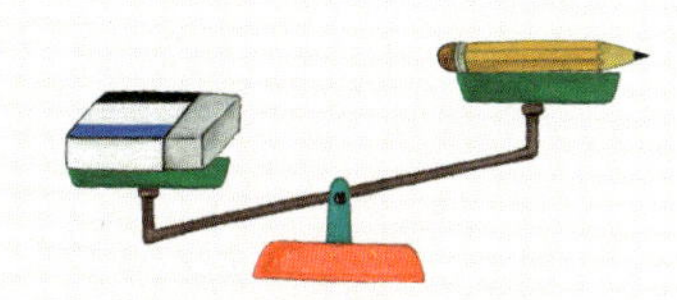
지우개가 연필보다 더 무겁습니다.

무거워요, 가벼워요

안의 물건보다 더 무거운 것이 있는 칸을 색칠하시오.

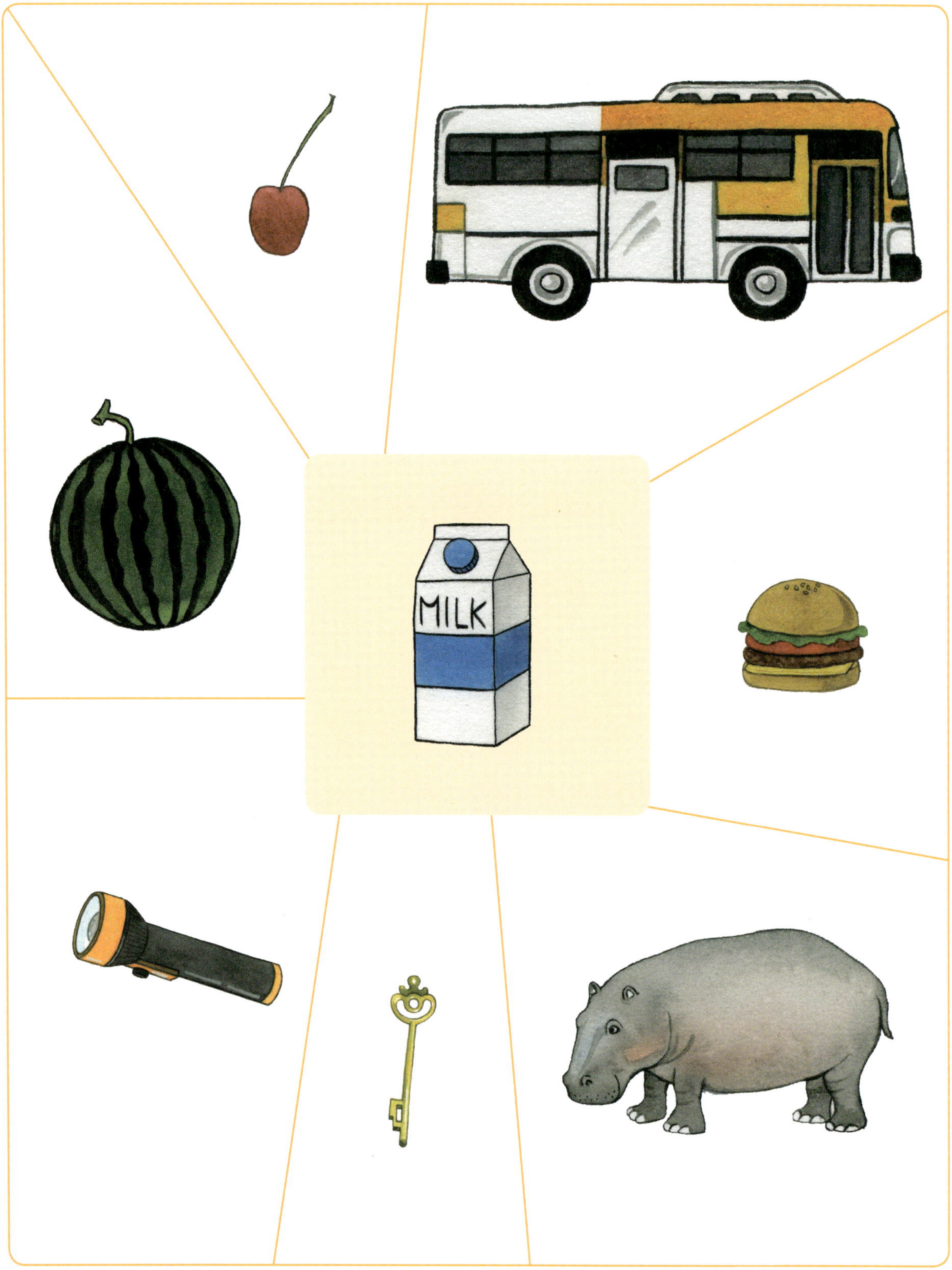

1 현우와 큐리, 태돌이와 티나가 시소를 탑니다. 그림을 보고 두 사람 중 더 무거운 사람의 이름을 쓰시오.

2 딴소리 요괴가 수학 요정에게 빌린 저울을 이용하여 두 구슬의 무게를 비교합니다. 더 가벼운 구슬은 무슨 색입니까?

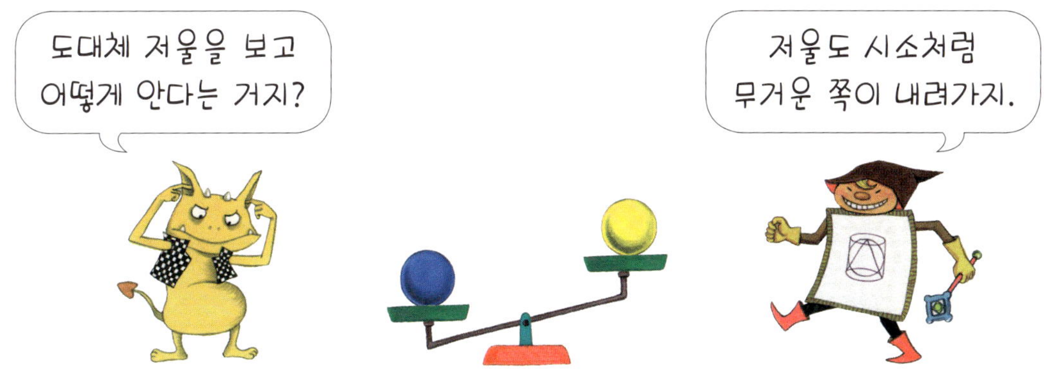

가장 무거워요, 가장 가벼워요

세 명의 상인이 짐을 지고 장에 가고 있습니다. 세 사람 중 가장 무거운 짐을 가지고 가는 사람과 가장 가벼운 짐을 가지고 가는 사람은 누구인지 기호를 쓰시오.

가장 무거운 짐: ☐   가장 가벼운 짐: ☐

❶ 위 그림에서 무엇을 보고 무게를 비교할 수 있는지 쓰시오.

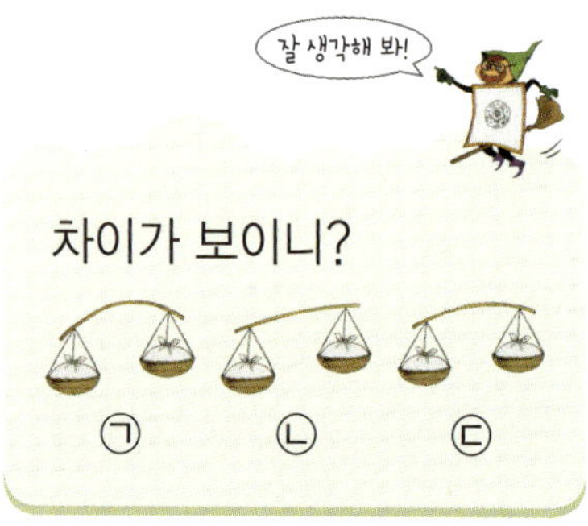

❷ ❶에서 찾은 방법을 이용하여 가장 무거운 짐을 진 사람과 가장 가벼운 짐을 사람을 찾아 기호를 쓰시오.

1 용수철 저울은 무거운 물건을 걸수록 용수철의 길이가 길어집니다. 무거운 물건부터 차례로 ㅣ, 2, 3을 쓰시오.

2 우리 가족 중 가장 무거운 사람과 가장 가벼운 사람을 차례로 쓰시오.

큐리, 태돌, 티나, 현우가 땅따먹기 놀이를 합니다. 네 사람 중 가장 넓은 땅
을 가진 사람은 누구입니까?

그림을 보고 알맞은 말에 ◯표 하시오.

은 보다 더 (넓습니다 , 좁습니다).

은 보다 더 (넓습니다 , 좁습니다).

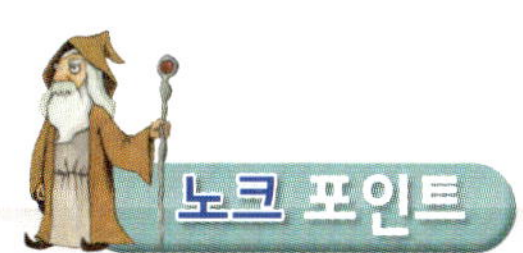
노크 포인트

넓이를 비교할 때에는 '넓다', '좁다'라고 표현합니다. 넓이는 직접 대어 보거나 수를 세어 비교할 수 있습니다.

스케치북은 책보다 더 넓습니다.
책은 스케치북보다 더 좁습니다.

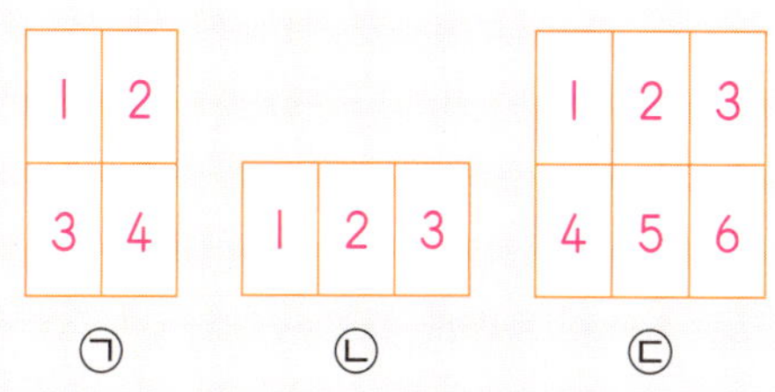

ⓒ이 가장 넓습니다.
ⓑ이 가장 좁습니다.

직접 비교하기

다음 7조각을 칠교라고 합니다. 각 조각의 넓이를 비교하여 봅시다.

❶ 조각을 직접 대어 보고 ㉣과 넓이가 같은 조각의 기호를 쓰시오.

❷ 조각을 직접 대어 보고 ㉡과 ㉢ 중 더 넓은 조각의 기호를 쓰시오.

❸ 칠교판에서 가장 넓은 조각과 가장 좁은 조각의 기호를 모두 쓰시오.

가장 넓은 조각: ☐ 과 ☐   가장 좁은 조각: ☐ 과 ☐

1 마법사 멀린의 정원에 신비한 종이 꽃이 피었습니다. ㉠, ㉡ 중 ● 부분이 더 넓은 꽃은 어느 것입니까? 종이를 직접 대고 비교하여 보시오.

세어서 비교하기

다음은 큐리가 마을의 중요한 곳들을 나타낸 지도입니다. 큐리는 실제 넓이가 더 넓으면 지도에도 더 넓게 나타내었습니다. 넓이가 가장 넓은 곳부터 차례로 쓰시오.

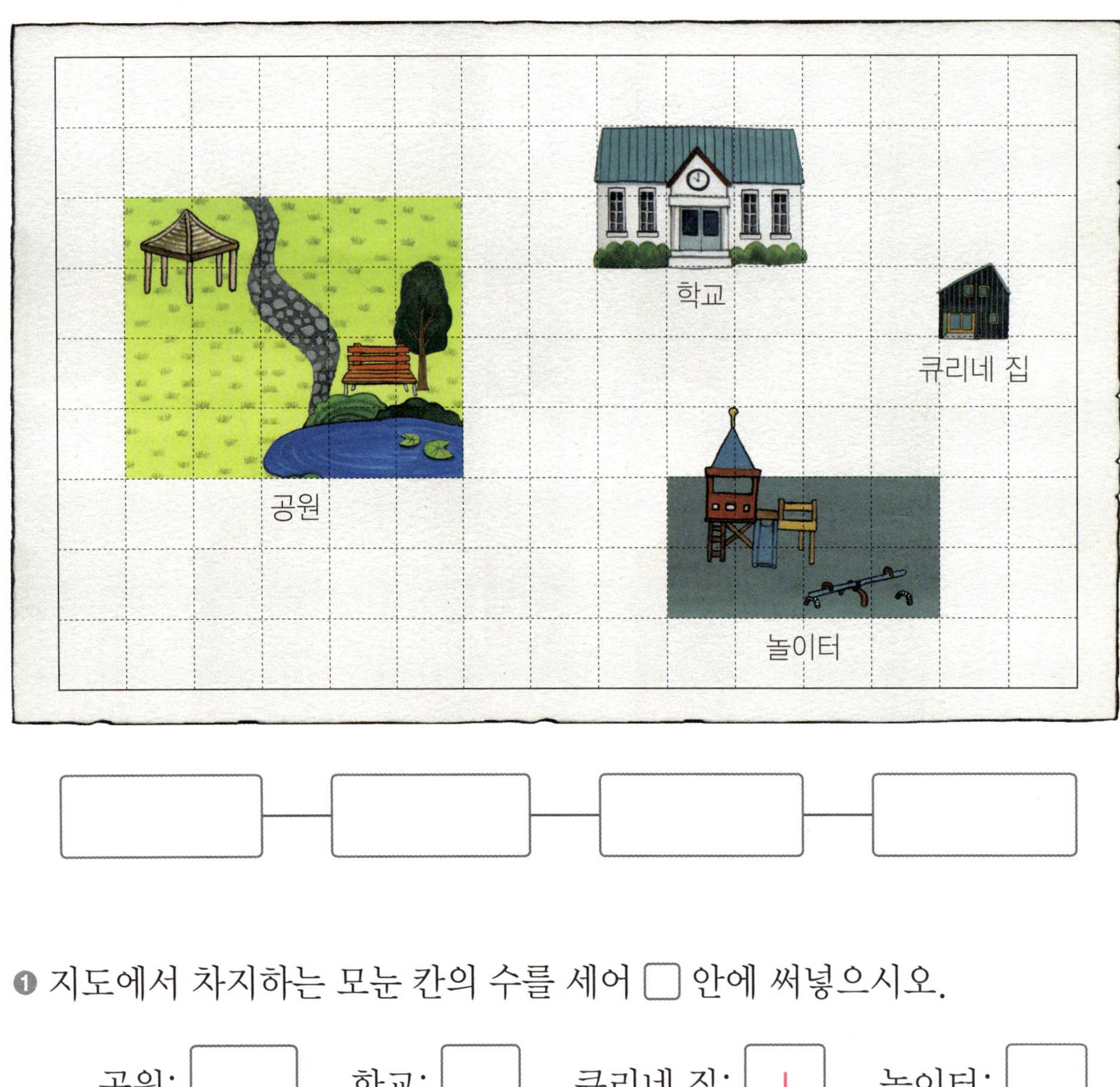

<table>
<tr><td>　</td><td>　</td><td>　</td><td>　</td></tr>
</table>

❶ 지도에서 차지하는 모눈 칸의 수를 세어 ☐ 안에 써넣으시오.

공원: ☐　　학교: ☐　　큐리네 집: ☐ |　　놀이터: ☐

❷ 지도에서 차지하는 넓이가 넓을수록 실제 넓이가 넓습니다. 넓이가 가장 넓은 곳부터 차례로 쓰시오.

1 태돌, 티나, 현우가 각자 돌을 던지고, 돌이 떨어진 칸에 자신의 땅이라는 표시를 합니다. 다음을 보고 가장 넓은 땅을 가진 사람을 쓰시오.

9 담을 수 있는 양

태돌, 티나, 큐리의 대화를 보고 관계있는 것끼리 선을 이으시오.

물이 가장 많은 것에 ◯표 하시오.

(   )   (   )   (   )

(   )   (   )   (   )

노크 포인트

그릇에 담을 수 있는 물의 양을 비교할 때에는 '많다', '적다'라고 말합니다.

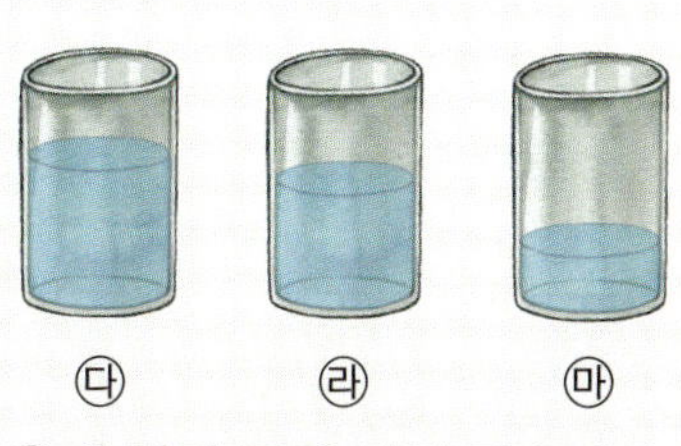

㉮는 ㉯보다 담을 수 있는 양이 더 많습니다.
㉯는 ㉮보다 담을 수 있는 양이 더 적습니다.

㉰에 담긴 물이 가장 많습니다.
㉲에 담긴 물이 가장 적습니다.

 # 그릇에 담을 수 있는 양

사막을 여행하는 나그네에게는 물을 많이 담을 수 있는 통이 필요합니다. 다음 중 물을 가장 많이 담을 수 있는 통의 기호를 쓰시오.

❶ 물을 가장 많이 담을 수 있는 통은 가장 큰 통입니다. 통 ㉠과 ㉡ 중 더 큰 통의 기호를 쓰시오.

❷ ❶에서 찾은 통과 통 ㉢을 비교하여 더 큰 통의 기호를 쓰시오.

❸ 물을 가장 많이 담을 수 있는 통의 기호를 쓰시오.

1 물을 많이 담을 수 있는 것부터 차례로 l, 2, 3을 쓰시오.

2 두루미와 여우가 다음과 같은 그릇에 수프를 담아 먹습니다. 수프를 더 많이 담을 수 있는 그릇은 누구의 것인지 쓰시오.

담긴 양의 비교

꼬마 요괴가 병 ㉠, ㉡에 들어 있던 마법의 물약을 다음과 같이 같은 크기의 컵에 모두 옮겨 담았습니다. 더 많은 물약이 담겨 있던 병의 기호를 쓰시오.

❶ 병 ㉠, ㉡에 있던 물약을 컵에 옮겨 담았을 때 각각 몇 컵이 나왔는지 ☐ 안에 써넣으시오.

병 ㉠: ☐ 컵   병 ㉡: ☐ 컵

❷ ❶에서 구한 컵의 수를 보고 병 ㉠, ㉡ 중 물약이 더 많이 담겨 있던 병의 기호를 쓰시오.

컵의 수가 왜 다른지 생각해 봐.

1 연못의 물을 마시면 젊어지는 마법의 연못이 있습니다. 할머니와 할아버지는 이 연못의 물을 국자로 떠서 그릇에 담았습니다. 국자로 담은 횟수가 다음과 같을 때 물이 더 적게 담긴 그릇의 기호를 쓰시오.

2 현우는 집에 있는 딸기맛 우유, 초콜릿맛 우유, 바나나맛 우유를 모두 같은 크기의 컵에 담았습니다. 우유의 양이 적은 것부터 차례로 쓰시오.

[　　　] 맛 우유 — [　　　] 맛 우유 — [　　　] 맛 우유

창의적 문제해결력

1 보물이 가득 들어 있는 무거운 보물 상자가 두 척의 배 중 하나에 실려 있습니다. 보물 상자가 실려 있는 배에 ◯표 하시오.

2 태돌, 큐리, 티나, 현우는 같은 양의 우유를 컵에 따랐습니다. 이 우유를 마시고 다음과 같이 남겼을 때 우유를 가장 많이 마신 사람의 이름을 쓰시오.

달력과 시계

10 월

대마법사 멀린과 친구들이 만든 그림 달력입니다. 달력을 보고 알 수 있는 것들을 이야기해 보시오.

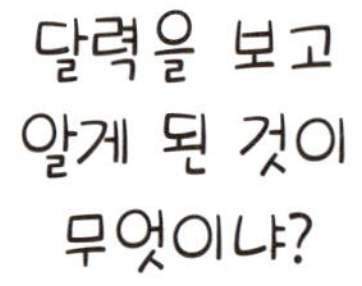

빈 곳에 알맞은 수를 써넣으시오.

달력을 보면 날짜와 요일을 알 수 있습니다.

4월 ← 달

일요일	월요일	화요일	수요일	목요일	금요일	토요일
			1	2	3	4
5	6	7	8	9	10	11
12	13	14	15	16	17	18
19	20	21	22	23	24	25
26	27	28	29	30		

← 요일

1년에는 1월부터 12월까지 열두 달이 있습니다.

일주일은 7일입니다.

7개의 요일이 반복됩니다.

요일

|주일은 7일입니다. |주일에는 일요일부터 토요일까지 차례로 7개의 요일이 있습니다. 물음에 답하시오.

❶ 요일 기차의 빈 곳에 알맞은 말을 써넣으시오.

❷ 오늘이 수요일이라면 어제와 내일은 무슨 요일인지 ☐ 안에 알맞은 요일을 써넣으시오.

어제: ☐ 요일   내일: ☐ 요일

1 티나는 요일 나무의 각 칸에 각 요일별로 하는 일을 적고, 그날의 기분을 나타내는 스티커를 붙였습니다. 나만의 요일 나무를 완성하시오.

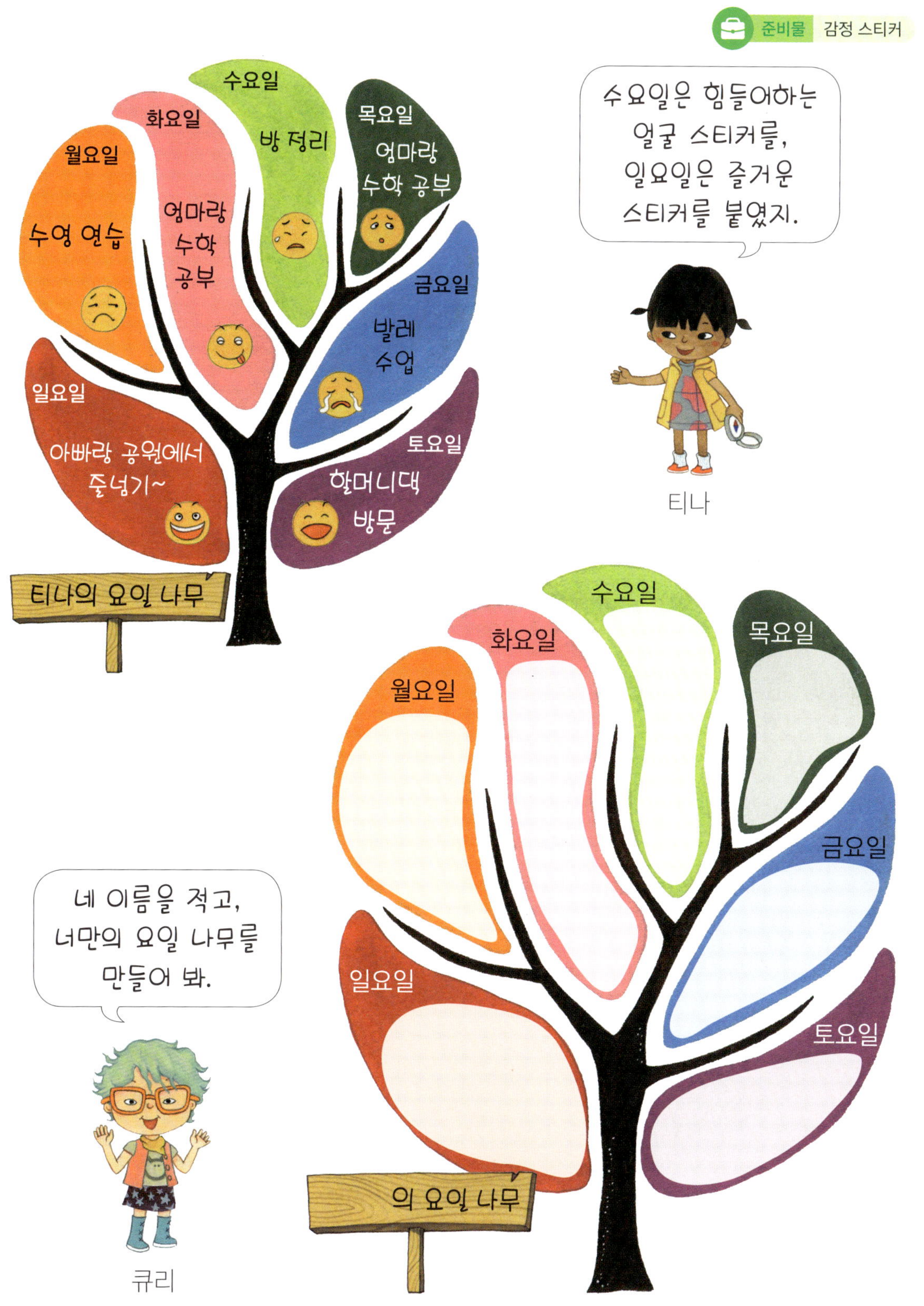

다음은 어느 해 10월 달력입니다. 다음 물음에 답하시오.

10월

일	월	화	수	목	금	토
				1	2	3 개천절
4	5	6	7	8	9 한글날	10
11	12	13	14	15	16	17
18	19	20	21	22	23	24
25	26	27	28	29	30	31

❶ ☐ 안에 알맞은 수를 써넣으시오.

개천절: [10] 월 [ ] 일

한글날: [ ] 월 [ ] 일

❷ 개천절과 한글날은 각각 무슨 요일인지 쓰시오.

개천절: [ ] 요일   한글날: [ ] 요일

❸ 달력에서 10월 13일에 ◯표 하고, 무슨 요일인지 쓰시오.

1 태돌이네 가족은 7월 달력에 가족에게 중요한 날들을 표시하기로 하였습니다. 가족들이 말하는 내용에 맞게 달력에 표시하시오.

7월

일	월	화	수	목	금	토
		1	2	3	4	5
6	7	8	9	10	11	12
13	14	15	16	17	18	19
20	21	22	23	24	25	26
27	28	29	30	31		

태돌

어머니

태경이 형

아버지

현우와 태돌이는 해가 뜨면 산 아래에서 만나기로 하였습니다.

현우와 태돌이는 둘 다 약속을 지켰지만 만나지 못했습니다. 왜 만나지 못했는지 이야기해 보시오.

약속을 지켜도 만나지 못하는 일이 생기지 않기 위해 필요한 물건은 무엇인지 쓰시오.

다음 시계의 ◯ 안에 알맞은 수를 써넣으시오.

노크 포인트

여러 가지 모양의 시계가 있지만 시각을 읽는 방법은 모두 같습니다.

3시

3시

3시

3시

① 시계에는 1부터 12까지의 수가 있습니다.
② 시곗바늘은 모두 ↻ 방향으로 돌아갑니다.

 # 시계 읽기

대마법사 멀린이 시계를 읽는 방법을 설명하고 있습니다. 멀린의 설명에 따라 다음 시계가 나타내는 시각을 ☐ 안에 써넣으시오.

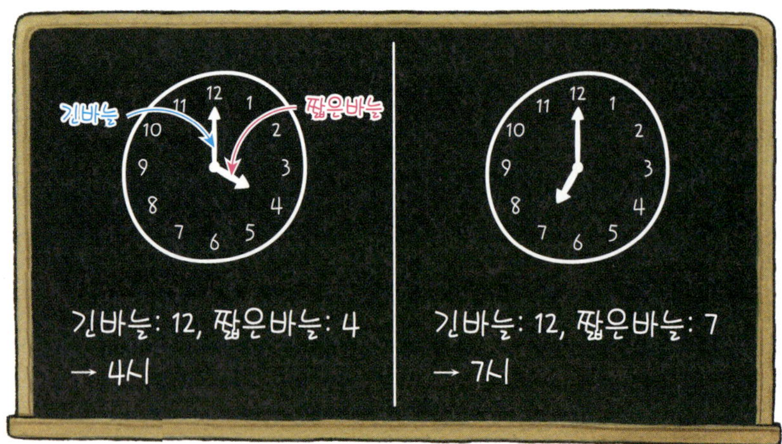

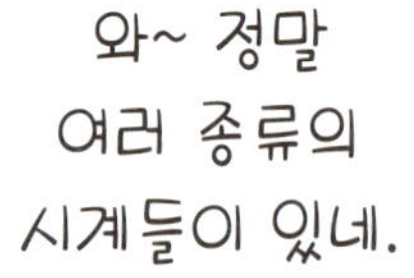

2 시

☐ 시

☐ 시

☐ 시

☐ 시

1 큐리가 하루 동안 하는 일들의 시각을 보고 알맞은 시계를 찾아 선으로 이으시오.

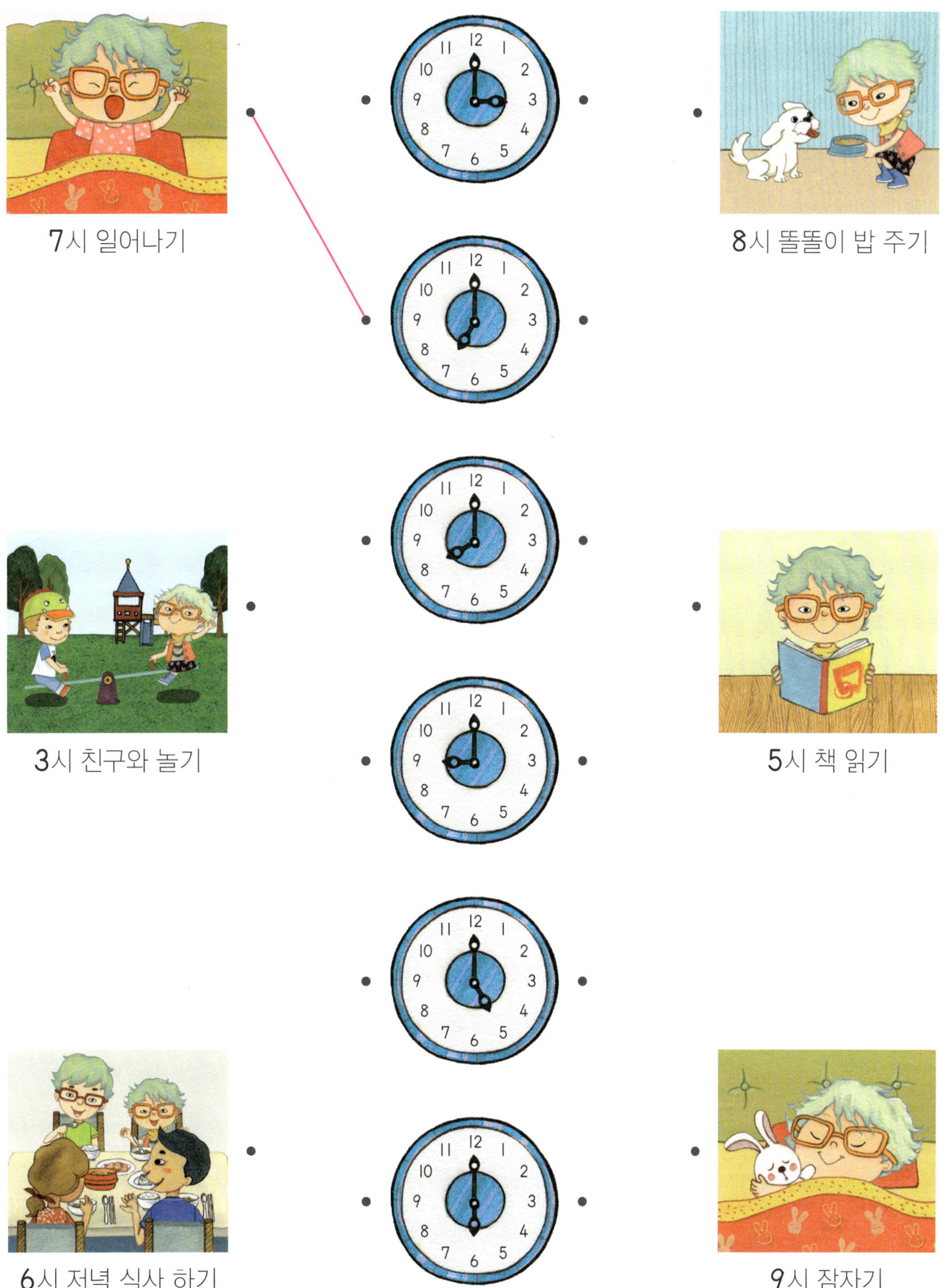

대충이 요괴가 과자로 만든 집을 찾아갑니다. 대충이 요괴가 말한 시각에 맞게 시계에 짧은바늘을 그려 넣으시오.

1 시각에 따라 '뻐꾹' 소리를 내는 뻐꾸기 시계가 있습니다. ㅣ시에는 뻐꾹 소리를 ㅣ번, 2시에는 뻐꾹 소리를 2번 냅니다. 시계가 뻐꾹 소리를 4번 낸 시각을 나타내시오.

2 태돌이는 3시를 다음과 같이 몸으로 나타내었습니다. 현우가 몸으로 나타내고 있는 시각을 ☐ 안에 써넣으시오.

태돌

현우

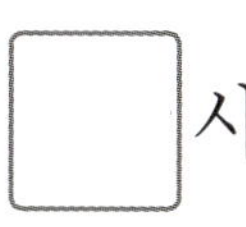
☐ 시

먼저, 나중에

태돌이네 가족들이 오늘 오후 집에 들어온 시각을 시계에 나타낸 것입니다.

시계를 보고 먼저 집에 온 사람부터 차례로 1, 2, 3, 4를 쓰시오.

8 시계를 보고 더 먼저 하는 일에 ◯표 하시오.

치과 예약

놀이터 약속

책 읽기

축구 약속

시간의 흐름에 따라 순서를 정할 수 있습니다.

 # 자연에서 시간의 흐름

할아버지가 어렸을 때부터 지금까지의 사진을 모았습니다. 시간의 흐름에 따라 차례로 1, 2, 3, 4, 5를 써넣으시오.

1 시간의 흐름에 따라 ☐ 안에 차례로 1, 2, 3, 4를 써넣으시오.

이야기에서 시간의 흐름

동화의 내용을 시간의 흐름에 따라 나타낸 것입니다. 그림을 보고 동화의 내용을 써 보시오.

1 시간의 흐름에 맞게 번호를 붙이고, 그림에 맞게 이야기를 쓰시오.

준비물 번호 스티커

1 어제 하루동안 시계가 나타내는 시각에 무엇을 하였는지 쓰고, 그림으로 나타내 보시오.

유치원 가기

오전

오전

오후

오후

오후

오후

동영상 특강
QR 코드를 찍어 보세요!!!

2 시간의 흐름에 따라 주어진 계절 스티커를 차례로 붙이고, 각 계절과 어울리는 그림을 찾아 선으로 이으시오.

준비물 계절 스티커

MEMO

정답 및 해설

측정

길이

① 필통 속 물건

태돌, 큐리, 티나는 학용품을 필통 안에 넣어 정리하려고 합니다.

필통에 들어가지 않는 학용품을 찾아 ◯표 하고, 직접 넣어 보지 않고 찾을 수 있는 방법을 이야기해 보시오.

필통의 길이보다 긴 학용품은 들어갈 수 없습니다. 보라색 색연필은 필통보다 길기 때문에 들어가지 않습니다.

⬇ 더 긴 것에 ◯표 하시오.

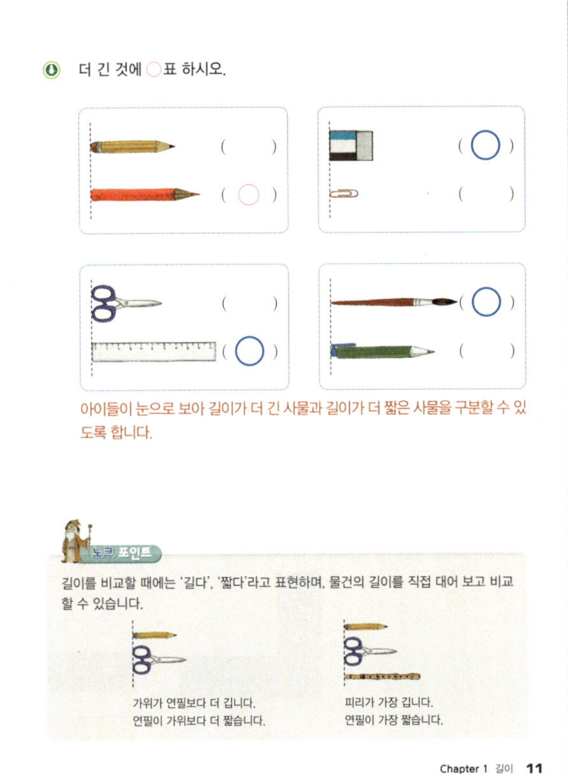

아이들이 눈으로 보아 길이가 더 긴 사물과 길이가 더 짧은 사물을 구분할 수 있도록 합니다.

노크 포인트

길이를 비교할 때에는 '길다', '짧다'라고 표현하며, 물건의 길이를 직접 대어 보고 비교할 수 있습니다.

가위가 연필보다 더 깁니다.
연필이 가위보다 더 짧습니다.

피리가 가장 깁니다.
연필이 가장 짧습니다.

🎯 길어요, 짧아요

그림을 보고 보기 와 같이 알맞은 말에 ◯표 하시오.

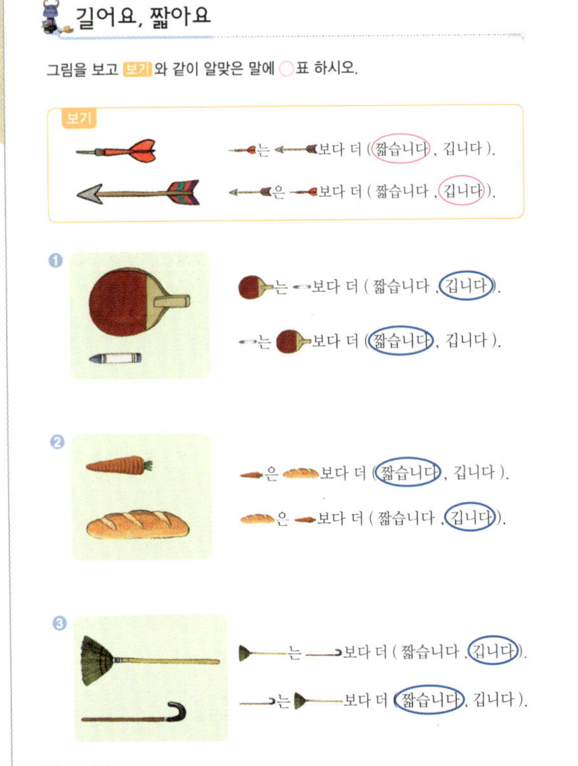

보기

는 보다 더 (**짧습니다** , 깁니다).

은 보다 더 (짧습니다 , **깁니다**).

① 는 보다 더 (짧습니다 , **깁니다**).

는 보다 더 (**짧습니다** , 깁니다).

② 은 보다 더 (**짧습니다** , 깁니다).

은 보다 더 (짧습니다 , **깁니다**).

③ 는 보다 더 (짧습니다 , **깁니다**).

는 보다 더 (**짧습니다** , 깁니다).

[길이 미로]

1 빨대보다 더 긴 것을 따라 미로를 통과합니다. 미로를 통과하는 길을 선으로 나타내시오.

빨대의 길이를 표시한 후 그 길이보다 더 긴 것을 찾아 미로를 통과합니다.

---

2 PA2 측정

가장 길어요, 가장 짧아요

주어진 조건에 맞는 동물 스티커를 붙이시오.

준비물 동물 스티커

14 15

[가장 긴 것, 가장 짧은 것]

1 가장 긴 것에 ○표, 가장 짧은 것에 △표 하시오.

( )
△
○

[색연필의 길이]

2 꼬마 요괴들의 대화를 보고 알맞게 선을 이으시오.

준비물 투명 모눈판

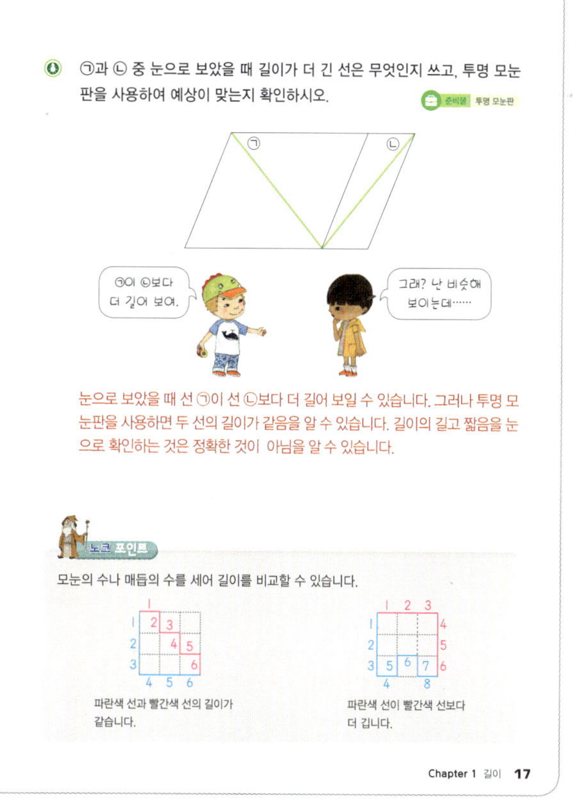

---

16 17

2 길이가 같은 물건

눈으로 보았을 때 길이가 같은 것끼리 서로 묶고, 투명 모눈판을 사용하여 바르게 묶었는지 확인하시오.

준비물 투명 모눈판

아이가 눈으로 보아 길이가 같은 것끼리 바르게 잇지 못할 수 있습니다. 투명 모눈판을 그림 위에 올려서 모눈의 개수로 길이를 비교할 수 있도록 합니다.

㉠과 ㉡ 중 눈으로 보았을 때 길이가 더 긴 선은 무엇인지 쓰고, 투명 모눈판을 사용하여 예상이 맞는지 확인하시오.

준비물 투명 모눈판

눈으로 보았을 때 선 ㉠이 선 ㉡보다 더 길어 보일 수 있습니다. 그러나 투명 모눈판을 사용하면 두 선의 길이가 같음을 알 수 있습니다. 길이의 길고 짧음을 눈으로 확인하는 것은 정확한 것이 아님을 알 수 있습니다.

노른 포인트

모눈의 수나 매듭의 수를 세어 길이를 비교할 수 있습니다.

파란색 선과 빨간색 선의 길이가 같습니다.

파란색 선이 빨간색 선보다 더 깁니다.

정답 및 해설 **3**

긴 것부터

가장 긴 것부터 짧은 것까지 차례로 선을 이으시오.

사물이 모눈판 위에 올려져 있으므로 모눈의 칸 수를 세어 사물의 길이를 비교할 수 있습니다.

모눈의 칸 수를 세어 보면 바로 알텐데. 세어 보지 않겠지?

[자동차의 길이]

1 긴 자동차부터 차례로 1, 2, 3을 써넣으시오.

벽에 있는 타일의 개수를 세어 차의 길이를 비교합니다.

길 옆에 있는 벽의 무늬가 꼭 모눈처럼 보이지 않니?

[악기의 길이]

2 긴 것부터 차례로 기호를 쓰시오. ㄹ, ㄴ, ㄱ, ㄷ

선의 길이

가장 짧은 선부터 차례로 1, 2, 3을 써넣으시오.

❶ 선 ㉠, ㉡, ㉢이 각각 모눈 몇 칸을 지나는지 세어 □ 안에 써넣으시오.

선 ㉠: □ 또는 □ → 모두 **11** 칸,   선 ㉡: □ → 모두 **9** 칸

선 ㉢: □ 또는 □ → 모두 **10** 칸, □ → 모두 **1** 칸

❷ ❶에서 센 칸 수를 보고 가장 짧은 선의 기호를 쓰시오. ㉡
선 ㉡이 모눈에서 지나는 칸 수가 가장 적으므로, 선 ㉡이 가장 짧습니다.

❸ ❶에서 센 칸 수를 보고 선 ㉠과 선 ㉢ 중 더 짧은 선의 기호를 쓰시오. ㉠
선 ㉠, ㉢이 모눈에서 지나는 칸 수의 합은 같으나 선 ㉢이 1칸을 사선으로 지나므로 더 길다는 것을 이해시킵니다.

□, □ 중 어느 선이 더 짧을까? 알아맞춰 봅시다. 딩동댕~

❹ 가장 짧은 선부터 차례로 1, 2, 3을 쓰시오.
가장 짧은 선부터 차례로 쓰면 선 ㉡, ㉠, ㉢입니다.

[줄의 길이]

1 운동장에서 큐리, 티나, 현우가 다음과 같이 줄을 잡고 있습니다. 티나와 현우 중 더 긴 줄을 잡고 있는 사람은 누구입니까? 현우

□보다 ⬚의 길이가 더 깁니다.

[더 긴 선]

2 모눈의 선을 따라 왼쪽 선보다 더 긴 선을 오른쪽에 그리시오.

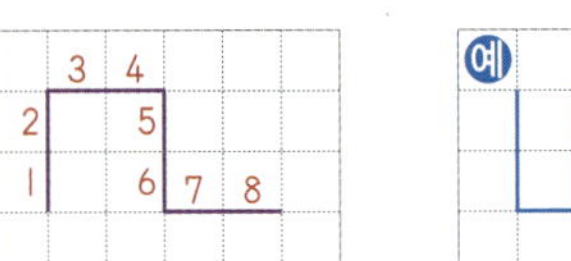
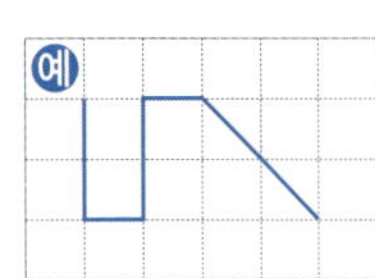

주어진 선은 모눈 8칸을 지나고 있습니다. 아이가 그린 선이 예시 답안과 달라도 모눈 8칸보다 더 길게 그렸다면 정답입니다.

③ 구부러진 선

딴짓 요괴와 울보 요괴가 대마왕의 성에 낙서를 하였습니다.

대마왕은 낙서를 보고 더 긴 선을 그은 요괴를 찾고 있습니다. 꼬마 요괴의 낙서와 같은 구부러진 선의 길이를 비교할 수 있는 방법을 이야기해 보시오.

예 실이나 줄 등을 구부러진 선 위에 선을 따라 올립니다. 선을 따라 구부러진 실(또는 줄)을 길게 펴서 비교하면 더 긴 선을 알 수 있습니다.

딴짓 요괴와 울보 요괴 중 누가 그은 선이 더 긴지 앞의 방법을 사용하여 구하시오. **딴짓 요괴**

실을 사용하여 길이를 비교한 후, 더 많이 구불구불 할수록 더 긴 선이라는 것을 알려주는 것이 좋습니다.

포인트

굽은 선의 길이는 선을 따라 실이나 줄을 올린 다음 실을 펴서 길이를 비교할 수 있습니다.

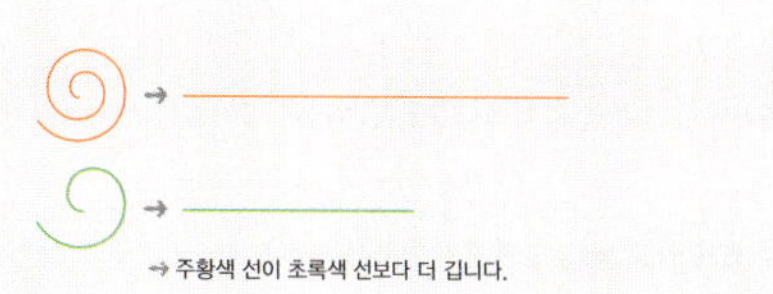

→ 주황색 선이 초록색 선보다 더 깁니다.

줄의 길이

라푼젤이 성에서 나가기 위해서는 다음 중 가장 긴 줄이 필요합니다. 모두 같은 간격으로 매듭이 있는 3개의 줄 중에서 라푼젤에게 필요한 줄의 기호를 쓰시오. ㉡

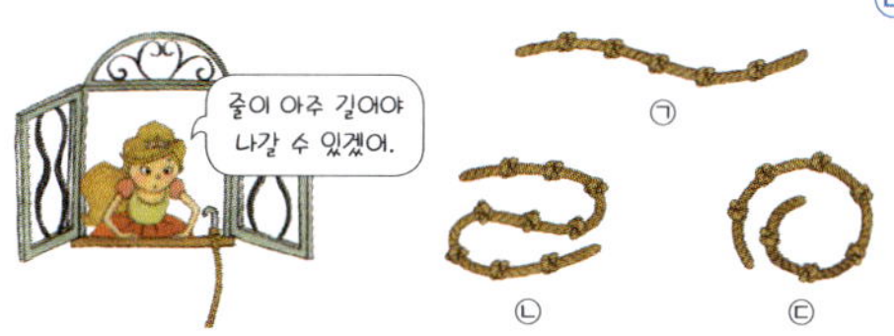

❶ 줄 ㉠, ㉡, ㉢의 길이를 비교할 수 있는 방법을 이야기해 보시오.

줄에 모두 같은 간격으로 매듭이 있으므로, 매듭의 수를 세어 밧줄의 길이를 비교할 수 있습니다.

❷ 줄 ㉠, ㉡, ㉢의 매듭의 수를 세어 ☐ 안에 각각 써넣으시오.

㉠: 5 개   ㉡: 9 개   ㉢: 7 개

❸ 매듭의 수가 많을수록 줄의 길이가 긴 것입니다. 라푼젤에게 필요한 줄의 기호를 쓰시오.

[리본]

1 다음은 길이가 모두 같은 리본 조각을 겹치지 않게 이어 붙여 만든 것입니다. 긴 것부터 차례로 1, 2, 3을 써넣으시오.

7조각   3
8조각   2
9조각   1

이어 붙인 조각의 수가 많을수록 깁니다.

[마법 나라의 뱀]

2 마법 나라에 사는 뱀은 길이가 길수록 더 무서운 마법을 부릴 수 있습니다. 가장 무서운 마법을 부리는 뱀을 찾아 ◯표 하시오.

정답 및 해설 **5**

감겨 있는 줄의 길이

코끼리가 긴 코로 통나무를 들고 있습니다. 그림을 보고 코가 가장 짧은 코끼리의 기호를 쓰시오. ㉡

❶ 다음 그림은 세 코끼리가 들고 있는 통나무를 옆에서 본 것입니다. 각 통나무에 코끼리의 코가 닿은 부분을 표시하시오.

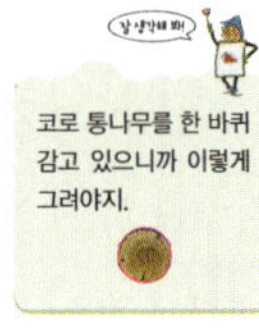

㉠　　㉡　　㉢

❷ ❶에서 표시한 길이 중 가장 짧은 길이의 기호를 쓰시오. ㉡

❸ 코가 가장 짧은 코끼리의 기호를 쓰시오.

[높이 높이 날아라]

1 티나, 태돌, 큐리가 연을 날리고 있습니다. 세 사람 중 연을 가장 높이 날릴 수 있는 사람은 누구인지 쓰시오. 태돌

얼레에 실이 많이 감겨 있을수록 실의 길이가 깁니다. 따라서 태돌이가 잡은 얼레의 실의 길이가 가장 깁니다.

창의적 문제해결력

1 티나, 태돌, 큐리, 현우가 자신의 페인트 통에 막대를 넣었다 꺼냈습니다. 페인트를 가장 많이 가지고 있는 사람은 누구입니까? (단, 페인트 통은 모두 똑같습니다.) 큐리

페인트가 묻은 막대의 길이가 길수록 통에 담긴 페인트가 많습니다. 따라서 페인트가 묻은 막대의 길이가 가장 긴 큐리의 페인트 통에 페인트가 가장 많습니다. 아이가 이해하기 힘들어 하는 경우, 유리잔에 물을 따라 보여주어 이해를 도와줍니다.

동영상 특강
QR 코드를 찍어 보세요!

2 다음은 거짓말을 해서 코가 점점 길어지는 피노키오의 사진입니다. 코의 길이를 보고 □ 안에 순서대로 사진을 붙이시오.

준비물 피노키오 사진

 4 놀이터

큐리와 현우가 놀이터에서 그네를 탑니다.

큐리와 현우 중 그네를 타고 더 높이 올라간 사람을 찾아 ◯표 하시오.

더 높은 것에 ◯표 하시오.

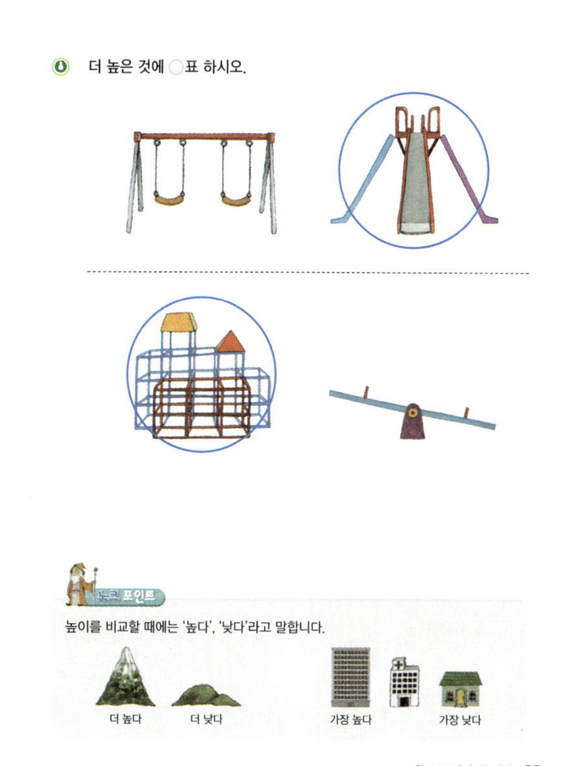

포인트

높이를 비교할 때에는 '높다', '낮다'라고 말합니다.

더 높다   더 낮다   가장 높다   가장 낮다

높아요, 낮아요

티나가 살고 있는 동네의 모습입니다. 다음 물음에 답하시오.

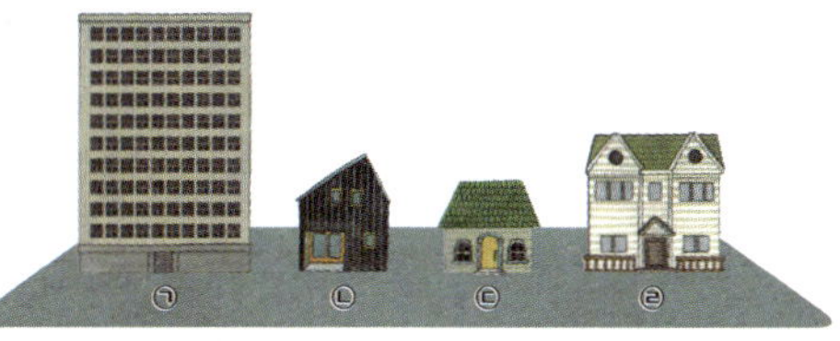

❶ 티나는 그림에서 보이는 가장 낮은 집에 살고 있습니다. 티나네 집은 어디인지 기호를 쓰시오. ⓒ

❷ 티나의 친구 태돌이는 티나네와 이웃한 집 중 더 높은 집에 살고 있습니다. 태돌이네 집은 어디인지 기호를 쓰시오. ㉣

티나네와 이웃한 집은 티나네 바로 옆집이라는 얘기란다.

❸ 티나와 태돌이는 그림에서 보이는 가장 높은 건물에 있는 치과에 다닙니다. 치과가 있는 건물은 어디인지 기호를 쓰시오. ㉠

[간식 나무]

1 마법 나라에는 커다란 간식 나무 아래에 서서 소원을 말하면 바구니 안에 간식이 나타납니다. 주문을 보고 꼬마 요괴들이 원하는 간식 스티커를 붙이시오.   준비물 간식 스티커

정답 및 해설 **7**

높은 곳, 높은 건물

큐리네 가족이 여행간 섬에 다음과 같이 아파트, 절, 교회가 있습니다. 다음 물음에 답하시오.

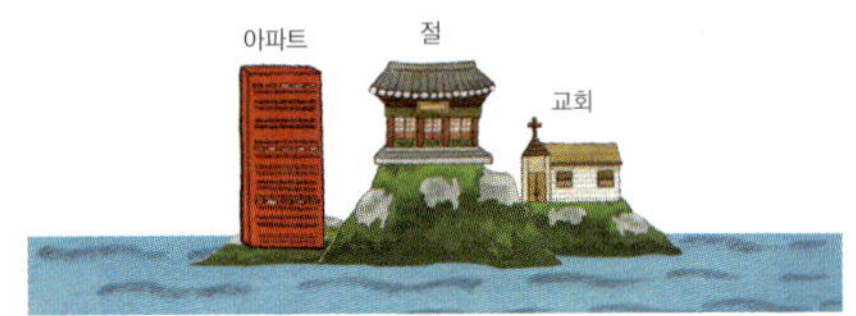

❶ 큐리는 섬에서 가장 높은 곳에 있는 건물에 다녀왔습니다. 큐리가 다녀온 곳은 어디인지 쓰시오. 절

❷ 아파트, 절, 교회 중에서 가장 높은 건물을 쓰시오. 아파트

❸ 교회보다 더 낮은 곳에 있는 건물을 쓰시오. 아파트

1 그림을 보고 물음에 답하시오.

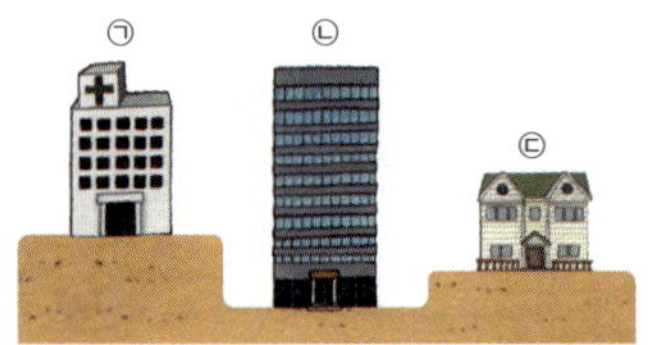

❶ 가장 높은 곳에 있는 건물부터 차례로 기호를 쓰시오. ㉠, ㉢, ㉡

❷ 가장 높은 건물부터 차례로 기호를 쓰시오. ㉡, ㉠, ㉢

2 조건 에 맞게 주어진 건물의 위치를 정하여 스티커를 붙이시오.

조건
1. 두 건물 중 더 높은 건물은 높은 산의 꼭대기에 있습니다.
2. 두 건물 중 더 낮은 건물은 낮은 산의 꼭대기에 있습니다.

---

5 비교하는 말

높이를 비교하는 말에 ◯표, 키를 비교하는 말에 △표 하시오.

🔵 언니 초이와 티나가 찍은 사진을 보고 밑줄 친 말을 바르게 고치시오.

사람이나 동물의 키를 비교할 때에는 '크다', '작다'라고 말합니다.

8　PA2 측정

40 · 41

🦫 키 비교하기

숲속에 동물 친구들이 모였습니다. 오리 모양 카드를 이용하여 오리보다 키가 큰 동물을 모두 찾아 ◯표 하시오.   준비물 오리 모양 카드

[가족 사진]

1 현우네 가족 사진을 보고 다음 물음에 답하시오.   준비물 현우 가족 스티커

❶ 위의 사진을 보고 키가 큰 순서대로 1, 2, 3, 4, 5를 써넣으시오.

| 1 | 3 | 2 | 4 | 5 |

❷ 다음을 보고 알맞은 사람의 얼굴 스티커를 ▨ 안에 붙이시오.

---

42 · 43

🦉 위치가 다른 키 비교하기

범상, 연아, 정환이가 철봉에 오래 매달리기를 하고 있습니다. 세 사람 중 키가 가장 큰 사람과 가장 작은 사람의 이름을 차례로 쓰시오.   **연아, 정환**

❶ 범상, 연아, 정환이의 발끝의 위치가 모두 같습니다. 세 사람의 발끝을 모두 지나는 선을 그으시오.

❷ ❶에서 그은 선을 땅이라고 생각합니다. 범상, 연아, 정환이 모두 땅 위에 ❶과 같이 서 있다고 할 때, 세 사람의 키의 순서를 생각해 보시오.

땅에 서 있다고 하면 연아, 범상, 정환의 순으로 키가 큽니다.

❸ 키가 가장 큰 사람과 가장 작은 사람의 이름을 차례로 쓰시오.

[늦잠 자기 대회]

1 늦잠 자기 대회에서 한입 요괴가 1등, 장난 요괴가 2등, 거꾸로 요괴가 3등을 하였습니다. 세 요괴 중 키가 가장 큰 요괴의 이름을 쓰시오.   **거꾸로 요괴**

세 요괴의 머리 끝의 위치가 같으므로 가장 낮은 단상에 있는 요괴의 키가 가장 큽니다. 따라서 3등 단상에 올라가 있는 거꾸로 요괴가 키가 가장 큰 요괴입니다.

[동물들의 키]

2 토끼, 염소, 타조, 기린이 머리 끝의 위치가 모두 같도록 서 있습니다. 키가 가장 작은 동물부터 차례로 이름을 쓰시오.   **토끼, 염소, 타조, 기린**

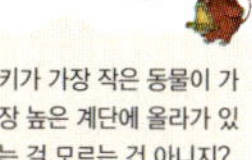

정답 및 해설   **9**

6 과녁에서의 거리

태돌이가 양궁 연습을 하며 과녁판에 화살을 쏘고 있습니다.

과녁판의 중심에 가까운 곳을 맞힐수록 점수가 높습니다. 태돌이가 과녁판에 맞힌 화살 중 점수가 가장 높은 화살의 기호를 쓰시오. ㉡

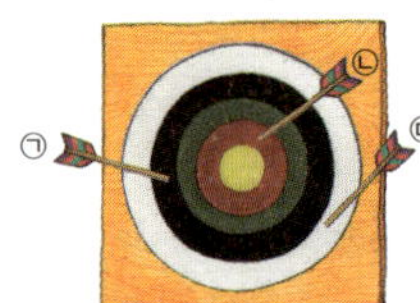

점수가 가장 높은 화살은 중심에서 가장 가까운 화살입니다. 따라서 노란색 과녁에서 가장 가까운 화살 ㉡의 점수가 가장 높습니다.

파란 다트는 노란 다트와 빨간 다트보다 과녁판의 중심에서 더 먼 곳에 꽂혔습니다. 스티커를 사용하여 과녁판 위에 파란 다트를 나타내시오.

준비물 다트 스티커

예

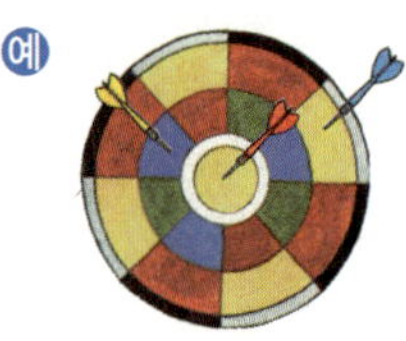

파란 다트를 원의 중심에서 가장 먼 노란색 또는 빨간색 칸에 있도록 붙이면 정답입니다.

노른 포인트

기준점에서부터 떨어져 있는 거리를 비교할 때에는 '멀다', '가깝다'라고 표현합니다.

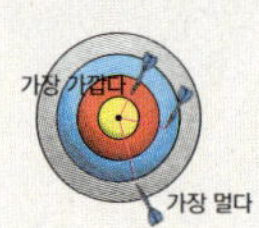

가까워요, 멀어요

태돌, 현우, 티나가 공 던지기를 하여 자신의 공이 떨어진 자리에 깃발을 꽂았습니다. 공을 가장 멀리 던진 사람은 누구인지 구하시오. 티나   준비물 종이 리본

❶ 태돌이가 서 있는 곳에서 각 깃발까지의 거리를 종이 리본을 사용하여 재고, 길이에 맞게 리본을 잘라 아래에 붙입니다.

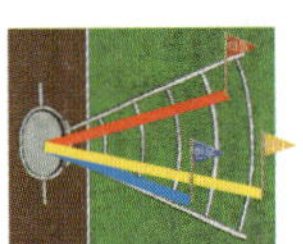

태돌	태돌
현우	현우
티나	티나

❷ ❶에서 붙인 종이 리본의 길이가 길수록 공을 더 멀리 던진 것입니다. 공을 가장 멀리 던진 사람의 이름을 쓰시오.

[천체]

1 천체는 태양의 주위를 돌고 있습니다. 수성, 금성, 화성도 지구와 같이 태양의 주위를 돕니다. 조건 에 맞게 천체 스티커를 붙여 보시오.

준비물 천체 스티커

조건

1. 지구, 수성, 금성, 화성은 각각 흰색 선을 따라 태양 주위를 돕니다.
2. 화성은 지구보다 태양에서 더 멀리 있습니다.
3. 수성은 태양에 가장 가까이 있습니다.

수성, 금성, 화성을 붙인 위치가 예시 답안과 달라도 같은 선 위에 붙였다면 정답입니다.

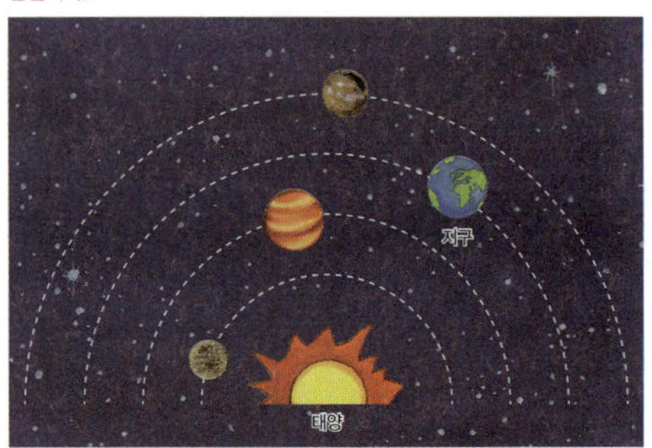

---

10 PA2 측정

🐿 마을과 거리

다음은 현우와 큐리가 살고 있는 마을을 그린 것입니다. 그림을 보고 물음에 답하시오.

❶ 다음 중 현우네 집에서 가장 가까운 곳에 ○표, 가장 먼 곳에 △표 하시오.

❷ 다음 중 큐리네 집에서 가장 가까운 곳에 ○표, 가장 먼 곳에 △표 하시오.

❸ 현우와 큐리가 🏛 에서 만나기로 하였습니다. 🏛 는 누구네 집에서 더 가까운지 쓰시오. **현우**

[꼬마 요괴 마을]

1 꼬마 요괴들이 살고 있는 마을의 그림에 요괴들의 집을 표시하였습니다. 잠만자 요괴의 집을 보고 다른 요괴들의 집은 ㉠, ㉡, ㉢, ㉣, ㉤ 중 어디인지 ☐ 안에 알맞은 기호를 써넣으시오.

🎀 창의적 문제해결력

1 현우가 빨간색, 파란색, 노란색 종이로 비행기를 접어서 날리고 있습니다. ☐ 안에 알맞은 비행기의 색을 써넣으시오.

- 가장 높이 날고 있는 비행기: **빨간** 색 비행기
- 가장 낮게 날고 있는 비행기: **파란** 색 비행기
- 가장 가깝게 있는 비행기: **노란** 색 비행기
- 가장 멀리 날아간 비행기: **파란** 색 비행기

---

2 티나네 가족들이 조건 에 맞게 의자에 앉습니다. 의자 위에 앉는 사람의 얼굴 스티커를 붙이시오.

준비물　티나 가족 스티커

조건

1. 키가 가장 큰 사람이 가장 낮은 의자에 앉습니다.
2. 어머니는 가장 긴 의자에 앉습니다.
3. 언니는 아버지가 앉은 의자에서 가장 멀리 있는 의자에 앉습니다.
4. 티나는 가장 높은 의자에 앉습니다.

정답 및 해설　**11**

무게, 넓이, 담을 수 있는 양

7 무게

큐리는 꼬마 요괴들이 이야기하는 물건을 가지고 성문을 통과합니다. 마지막 성문을 통과한 후 큐리가 가지고 온 3가지 물건을 상자에 담으시오.

준비물 물건 스티커

그림을 보고 알맞은 말에 ◯표 하시오.

- ●은 ❋보다 더 (가볍습니다 , (무겁습니다)).
- ❋은 ●보다 더 ((가볍습니다) , 무겁습니다).

- 🗡은 🎈보다 더 (가볍습니다 , (무겁습니다)).
- 🎈은 🗡보다 더 ((가볍습니다) , 무겁습니다).

- 은 보다 더 ((가볍습니다) , 무겁습니다).
- 은 보다 더 (가볍습니다 , (무겁습니다)).

노크 포인트

무게를 비교할 때에는 '무겁다', '가볍다'라고 말합니다.

더 무겁다   더 가볍다   가장 무겁다   가장 가볍다

시소나 저울은 무거운 쪽이 내려가는 원리를 이용하여 무게를 비교합니다.

●가 ▲보다 더 무겁습니다.   지우개가 연필보다 더 무겁습니다.

무거워요, 가벼워요

■ 안의 물건보다 더 무거운 것이 있는 칸을 색칠하시오.

아이가 경험을 바탕으로 우유보다 더 무거운 것을 찾아낼 수 있도록 합니다.

[시소]

1 현우와 큐리, 태돌이와 티나가 시소를 탑니다. 그림을 보고 두 사람 중 더 무거운 사람의 이름을 쓰시오.

① 큐리
② 태돌

❶ 시소에서 큐리가 탄 쪽이 내려가 있으므로 큐리가 현우보다 더 무겁습니다.
❷ 시소에서 태돌이가 탄 쪽이 내려가 있으므로 태돌이가 티나보다 더 무겁습니다.

[저울]

2 딴소리 요괴가 수학 요정에게 빌린 저울을 이용하여 두 구슬의 무게를 비교합니다. 더 가벼운 구슬은 무슨 색입니까? 노란색

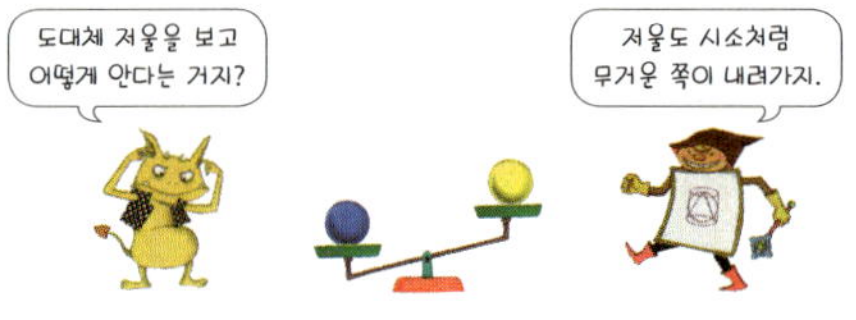

저울의 양쪽에 물건을 올려 놓았을 때, 무거운 물건이 있는 쪽이 내려갑니다. 따라서 올라간 쪽에 놓인 노란색 구슬이 더 가벼운 구슬입니다. 저울이 어느 한 쪽으로 기울지 않은 경우에는 양쪽에 놓인 두 물건의 무게가 같습니다.

🐷 가장 무거워요, 가장 가벼워요

세 명의 상인이 짐을 지고 장에 가고 있습니다. 세 사람 중 가장 무거운 짐을 가지고 가는 사람과 가장 가벼운 짐을 가지고 가는 사람은 누구인지 기호를 쓰시오.

가장 무거운 짐: ㉠   가장 가벼운 짐: ㉡

❶ 위 그림에서 무엇을 보고 무게를 비교할 수 있는지 쓰시오.

짐이 무거울수록 나무 막대가 많이 휘어지므로 나무 막대가 휜 정도를 보고 비교할 수 있습니다.

❷ ❶에서 찾은 방법을 이용하여 가장 무거운 짐을 진 사람과 가장 가벼운 짐을 사람을 찾아 기호를 쓰시오.
나무 막대가 가장 많이 휘어 있는 ㉠의 짐이 가장 무겁고, 나무 막대가 가장 적게 휘어 있는 ㉡의 짐이 가장 가볍습니다.

[용수철 저울]

1 용수철 저울은 무거운 물건을 걸수록 용수철의 길이가 길어집니다. 무거운 물건부터 차례로 1, 2, 3을 쓰시오.

| 1 | 3 | 2 |

길이가 긴 용수철부터 차례로 쓰면 가위가 걸려 있는 용수철, 삼각자가 걸려 있는 용수철, 클립이 걸려 있는 용수철입니다. 무게가 무거울수록 용수철이 길어지기때문에 무게가 무거운 순서는 용수철의 길이가 긴 순서와 같습니다.

[우리 가족]

2 우리 가족 중 가장 무거운 사람과 가장 가벼운 사람을 차례로 쓰시오.

예 어머니, 막내 동생

아이가 눈으로 보아 가족의 무게를 비교할 수 있는 경우에도 시소, 체중계(체중계를 보는 방법을 아는 경우) 등의 도구를 이용하여 무게를 비교할 수 있도록 합니다.

---

⑧ 넓이

큐리, 태돌, 티나, 현우가 땅따먹기 놀이를 합니다. 네 사람 중 가장 넓은 땅을 가진 사람은 누구입니까? **티나**

🔵 그림을 보고 알맞은 말에 ○표 하시오.

■은 ▭보다 더 ((넓습니다), 좁습니다).

▭은 ■보다 더 (넓습니다, (좁습니다)).

🐶 포인트

넓이를 비교할 때에는 '넓다', '좁다'라고 표현합니다. 넓이는 직접 대어 보거나 수를 세어 비교할 수 있습니다.

스케치북은 책보다 더 넓습니다.
책은 스케치북보다 더 좁습니다.

㉢이 가장 넓습니다.
㉡이 가장 좁습니다.

정답 및 해설 **13**

🐗 직접 비교하기

다음 7조각을 칠교라고 합니다. 각 조각의 넓이를 비교하여 봅시다.

❶ 조각을 직접 대어 보고 ㉣과 넓이가 같은 조각의 기호를 쓰시오. ㉯

❷ 조각을 직접 대어 보고 ㉡과 ㉤ 중 더 넓은 조각의 기호를 쓰시오. ㉡

❸ 칠교판에서 가장 넓은 조각과 가장 좁은 조각의 기호를 모두 쓰시오.

가장 넓은 조각: ㉠ 과 ㉡   가장 좁은 조각: ㉣ 과 ㉯

[착시]

1 마법사 멀린의 정원에 신비한 종이 꽃이 피었습니다. ㉠, ㉡ 중 🟡 부분이 더 넓은 꽃은 어느 것입니까? 종이를 직접 대고 비교하여 보시오.

더 넓은 꽃이 없습니다. 두 부분의 넓이가 같습니다.

🐗 세어서 비교하기

다음은 큐리가 마을의 중요한 곳들을 나타낸 지도입니다. 큐리는 실제 넓이가 더 넓으면 지도에도 더 넓게 나타내었습니다. 넓이가 가장 넓은 곳부터 차례로 쓰시오.

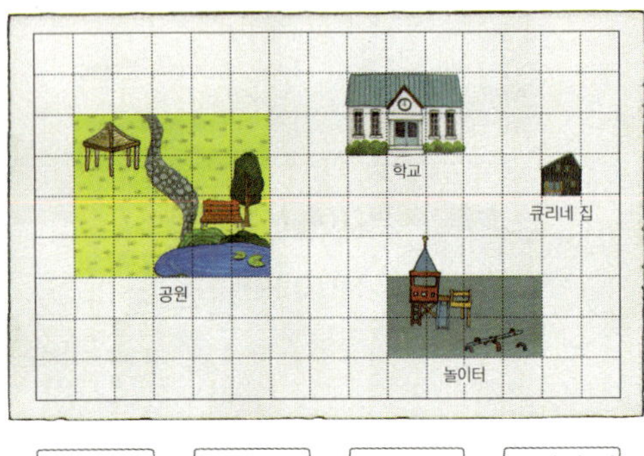

공원 ─── 놀이터 ─── 학교 ─── 큐리네 집

❶ 지도에서 차지하는 모눈 칸의 수를 세어 ☐ 안에 써넣으시오.

공원: 20   학교: 6   큐리네 집: 1   놀이터: 8

❷ 지도에서 차지하는 넓이가 넓을수록 실제 넓이가 넓습니다. 넓이가 가장 넓은 곳부터 차례로 쓰시오.

[땅따먹기]

1 태돌, 티나, 현우가 각자 돌을 던지고, 돌이 떨어진 칸에 자신의 땅이라는 표시를 합니다. 다음을 보고 가장 넓은 땅을 가진 사람을 쓰시오. 현우

14 PA2 측정

⑨ 담을 수 있는 양

태돌, 티나, 큐리가 자신의 물컵에 대해 이야기합니다.

태돌, 티나, 큐리의 대화를 보고 관계있는 것끼리 선을 이으시오.

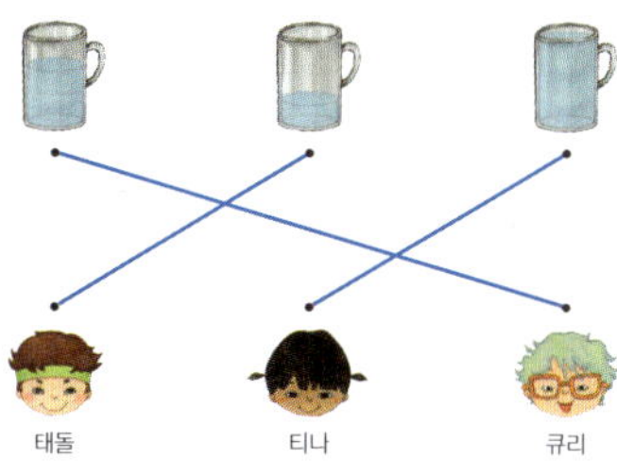

물이 가장 많은 것에 ◯표 하시오.

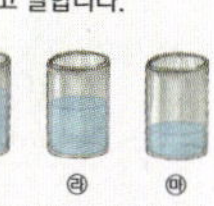

도움 포인트

그릇에 담을 수 있는 물의 양을 비교할 때에는 '많다', '적다'라고 말합니다.

㉮는 ㉯보다 담을 수 있는 양이 더 많습니다.
㉯는 ㉮보다 담을 수 있는 양이 더 적습니다.

㉰에 담긴 물이 가장 많습니다.
㉱에 담긴 물이 가장 적습니다.

🐛 그릇에 담을 수 있는 양

사막을 여행하는 나그네에게는 물을 많이 담을 수 있는 통이 필요합니다. 다음 중 물을 가장 많이 담을 수 있는 통의 기호를 쓰시오. ㉢

❶ 물을 가장 많이 담을 수 있는 통은 가장 큰 통입니다. 통 ㉠과 ㉡ 중 더 큰 통의 기호를 쓰시오. ㉠

❷ ❶에서 찾은 통과 통 ㉢을 비교하여 더 큰 통의 기호를 쓰시오. ㉢

❸ 물을 가장 많이 담을 수 있는 통의 기호를 쓰시오.

[담을 수 있는 양이 많은 것]

1 물을 많이 담을 수 있는 것부터 차례로 1, 2, 3을 쓰시오.

용기가 클수록 물을 많이 담을 수 있습니다.
따라서 욕조, 휘발유통, 대야의 순서로 물을 많이 담을 수 있습니다.

[여우와 두루미]

2 두루미와 여우가 다음과 같은 그릇에 수프를 담아 먹습니다. 수프를 더 많이 담을 수 있는 그릇은 누구의 것인지 쓰시오. 두루미

두루미 그릇이 여우 그릇보다 더 크므로 두루미의 그릇에 수프를 더 많이 담을 수 있습니다.

정답 및 해설 **15**

담긴 양의 비교

꼬마 요괴가 병 ㉠, ㉡에 들어 있던 마법의 물약을 다음과 같이 같은 크기의 컵에 모두 옮겨 담았습니다. 더 많은 물약이 담겨 있던 병의 기호를 쓰시오. **㉠**

❶ 병 ㉠, ㉡에 있던 물약을 컵에 옮겨 담았을 때 각각 몇 컵이 나왔는지 ☐ 안에 써넣으시오.

병 ㉠: **4** 컵   병 ㉡: **3** 컵

❷ ❶에서 구한 컵의 수를 보고 병 ㉠, ㉡ 중 물약이 더 많이 담겨 있던 병의 기호를 쓰시오.

---

1 연못의 물을 마시면 적어지는 마법의 연못이 있습니다. 할머니와 할아버지는 이 연못의 물을 국자로 떠서 그릇에 담았습니다. 국자로 담은 횟수가 다음과 같을 때 물이 더 적게 담긴 그릇의 기호를 쓰시오. **㉡**

2 현우는 집에 있는 딸기맛 우유, 초콜릿맛 우유, 바나나맛 우유를 모두 같은 크기의 컵에 담았습니다. 우유의 양이 적은 것부터 차례로 쓰시오.

초콜릿 맛 우유 — **바나나** 맛 우유 — **딸기** 맛 우유

창의적 문제해결력

1 보물이 가득 들어 있는 무거운 보물 상자가 두 척의 배 중 하나에 실려 있습니다. 보물 상자가 실려 있는 배에 ◯표 하시오.

배에 무거운 짐을 실을수록 배가 물 속으로 좀 더 가라앉습니다. 초록색 돛을 단 배가 물에 더 가라앉아 있으므로 초록색 돛을 단 배에 보물 상자가 실려 있는 것을 알 수 있습니다.

---

2 태돌, 큐리, 티나, 현우는 같은 양의 우유를 컵에 따랐습니다. 이 우유를 마시고 다음과 같이 남겼을 때 우유를 가장 많이 마신 사람의 이름을 쓰시오. **큐리**

남은 우유의 양이 적을수록 마신 우유의 양이 많은 것입니다. 따라서 우유가 가장 적게 남아 있는 큐리가 우유를 가장 많이 마신 것입니다.

---

16   PA2 측정

달력과 시계

10 월

76·77

대마법사 멀린과 친구들이 만든 그림 달력입니다. 달력을 보고 알 수 있는 것들을 이야기해 보시오.

예 2월과 9월에는 명절이 있습니다.
12월에는 크리스마스가 있습니다. 등등

각 달의 특징을 그림으로 나타내어 만든 그림 달력입니다. 아이들이 자유롭게 그림을 보고 이야기할 수 있도록 합니다.

빈 곳에 알맞은 수를 써넣으시오.

노크 포인트

달력을 보면 날짜와 요일을 알 수 있습니다.

4월 ← 달

일요일	월요일	화요일	수요일	목요일	금요일	토요일
			1	2	3	4
5	6	7	8	9	10	11
12	13	14	15	16	17	18
19	20	21	22	23	24	25
26	27	28	29	30		

← 요일

1년에는 1월부터 12월까지 열두 달이 있습니다.
일주일은 7일입니다.
7개의 요일이 반복됩니다.

요일

78·79

1주일은 7일입니다. 1주일에는 일요일부터 토요일까지 차례로 7개의 요일이 있습니다. 물음에 답하시오.

① 요일 기차의 빈 곳에 알맞은 말을 써넣으시오.

② 오늘이 수요일이라면 어제와 내일은 무슨 요일인지 ☐ 안에 알맞은 요일을 써넣으시오.

어제: [화] 요일   내일: [목] 요일

[요일 나무]

1 티나는 요일 나무의 각 칸에 각 요일별로 하는 일을 적고, 그날의 기분을 나타내는 스티커를 붙였습니다. 나만의 요일 나무를 완성하시오.

준비물 감정 스티커

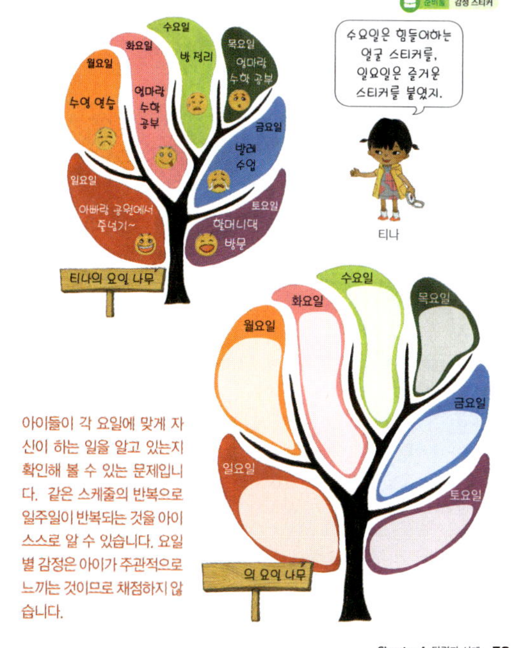

아이들이 각 요일에 맞게 자신이 하는 일을 알고 있는지 확인해 볼 수 있는 문제입니다. 같은 스케줄의 반복으로 일주일이 반복되는 것을 아이 스스로 알 수 있습니다. 요일별 감정은 아이가 주관적으로 느끼는 것이므로 채점하지 않습니다.

정답 및 해설 **17**

달력

다음은 어느 해 10월 달력입니다. 다음 물음에 답하시오.

10월

일	월	화	수	목	금	토
				1	2	3 개천절
4	5	6	7	8	9 한글날	10
11	12	(13)	14	15	16	17
18	19	20	21	22	23	24
25	26	27	28	29	30	31

❶ ☐ 안에 알맞은 수를 써넣으시오.

개천절: 10 월 3 일

한글날: 10 월 9 일

❷ 개천절과 한글날은 각각 무슨 요일인지 쓰시오.

개천절: 토 요일   한글날: 금 요일

❸ 달력에서 10월 13일에 ◯표 하고, 무슨 요일인지 쓰시오. 화요일

---

1 태돌이네 가족은 7월 달력에 가족에게 중요한 날들을 표시하기로 하였습니다. 가족들이 말하는 내용에 맞게 달력에 표시하시오.

7월

일	월	화	수	목	금	토
		1	2	3	4	(5)
6	7	8	9	10	11	12
13	14	15	16	17	18	19
♡20	21	22	☆23	24	25	26
27	28	29	30	△31		

어머니

태돌

태경이 형

아버지

---

⑪ 시계

현우와 태돌이는 해가 뜨면 산 아래에서 만나기로 하였습니다.

현우와 태돌이는 둘 다 약속을 지켰지만 만나지 못했습니다. 왜 만나지 못했는지 이야기해 보시오.

예 둘 다 해가 뜬 후 산 아래에 나갔지만 서로 다른 때에 나와서 만나지 못했습니다.

시계가 없어서 정확한 시각을 알 수 없었다는 등의 시계의 필요성 또는 시계가 없어서 벌어진 일이라는 등의 답은 모두 정답입니다.

약속을 지켜도 만나지 못하는 일이 생기지 않기 위해 필요한 물건은 무엇인지 쓰시오. 시계

◐ 다음 시계의 ◯ 안에 알맞은 수를 써넣으시오.

백토 포인트

여러 가지 모양의 시계가 있지만 시각을 읽는 방법은 모두 같습니다.

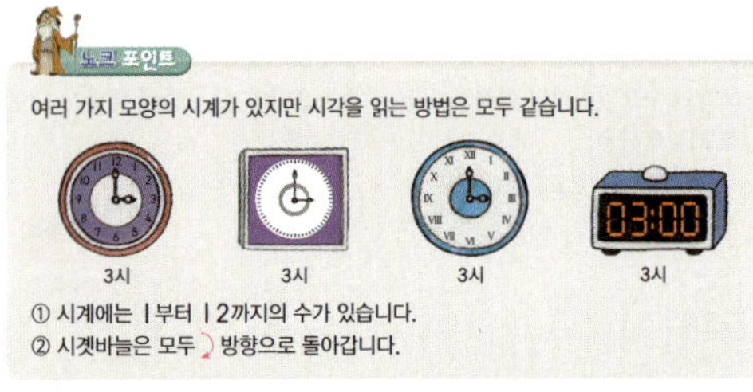

① 시계에는 1부터 12까지의 수가 있습니다.
② 시곗바늘은 모두 ↷ 방향으로 돌아갑니다.

시계 읽기

대마법사 멀린이 시계를 읽는 방법을 설명하고 있습니다. 멀린의 설명에 따라 다음 시계가 나타내는 시각을 ☐ 안에 써넣으시오.

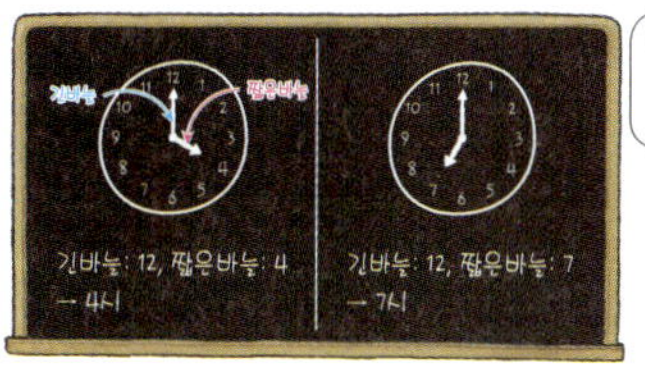

2 시   8 시

9 시   12 시   5 시

---

1 [큐리의 하루]

큐리가 하루 동안 하는 일들의 시각을 보고 알맞은 시계를 찾아 선으로 이으시오.

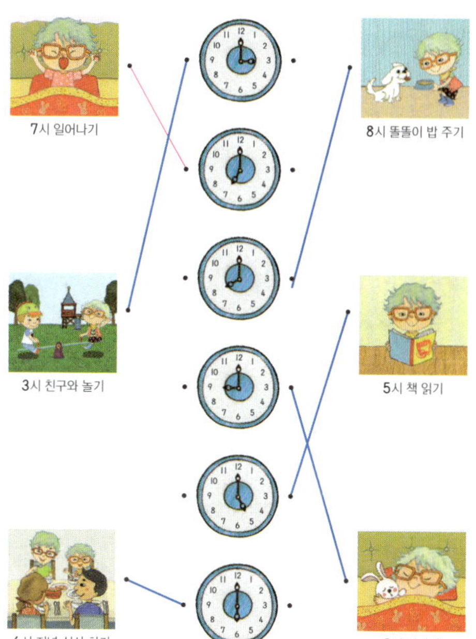

시계 나타내기

대충이 요괴가 과자로 만든 집을 찾아갑니다. 대충이 요괴가 말한 시각에 맞게 시계에 짧은바늘을 그려 넣으시오.

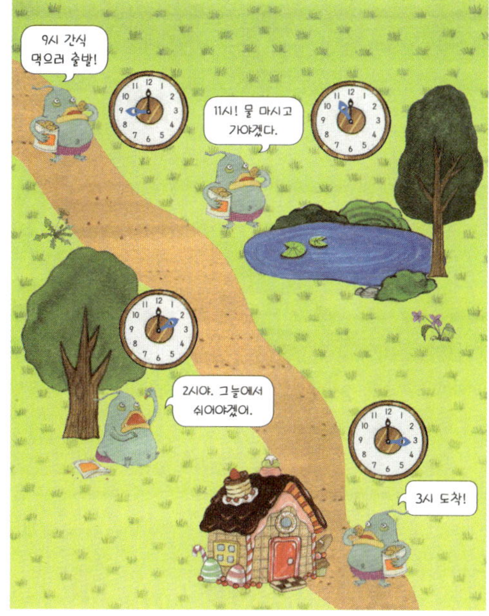

---

1 [뻐꾸기 시계]

시각에 따라 '뻐꾹' 소리를 내는 뻐꾸기 시계가 있습니다. 1시에는 뻐꾹 소리를 1번, 2시에는 뻐꾹 소리를 2번 냅니다. 시계가 뻐꾹 소리를 4번 낸 시각을 나타내시오.

뻐꾹 소리를 4번 냈으므로 시계에 4시를 나타냅니다.

2 [내 몸이 시계]

태돌이는 3시를 다음과 같이 몸으로 나타내었습니다. 현우가 몸으로 나타내고 있는 시각을 ☐ 안에 써넣으시오.

현우의 오른팔은 긴바늘, 왼팔은 짧은바늘을 나타내고 있습니다.
따라서 현우가 나타내고 있는 시각은 6시입니다.

정답 및 해설 **19**

12 먼저, 나중에

태돌이네 가족들이 오늘 오후 집에 들어온 시각을 시계에 나타낸 것입니다.

시계를 보고 먼저 집에 온 사람부터 차례로 1, 2, 3, 4를 쓰시오.

가족들이 들어온 시각을 시간의 흐름에 따라 차례대로 나타내면 2시 → 5시 → 6시 → 7시입니다.

시계를 먼저 읽어야 해.

시계를 보고 더 먼저 하는 일에 ◯표 하시오.

포인트

시간의 흐름에 따라 순서를 정할 수 있습니다.

1   2   3   4

🛡 자연에서 시간의 흐름

할아버지가 어렸을 때부터 지금까지의 사진을 모았습니다. 시간의 흐름에 따라 차례로 1, 2, 3, 4, 5를 써넣으시오.

[자연]

1 시간의 흐름에 따라 ☐ 안에 차례로 1, 2, 3, 4를 써넣으시오.

---

20 PA2 측정

92 93

🦉 이야기에서 시간의 흐름

동화의 내용을 시간의 흐름에 따라 나타낸 것입니다. 그림을 보고 동화의 내용을 써 보시오.

> **예** 거북이와 토끼가 달리기 시합을 합니다. 앞서 달리던 토끼가 낮잠을 자는 사이에 거북이가 앞지릅니다. 토끼가 뒤늦게 쫓아왔지만 거북이가 시합에서 이깁니다.

[이야기 만들기]

1 시간의 흐름에 맞게 번호를 붙이고, 그림에 맞게 이야기를 쓰시오.

준비물 번호 스티커

❶

1   3   4   2

> **예** 해님과 바람이 누가 나그네의 옷을 벗길 수 있는지 내기를 합니다. 거센 바람으로 나그네의 옷을 벗길 수는 없었지만 따스한 해님이 나오자 나그네는 옷을 벗습니다.

❷

1   4   2   3

> **예** 뼈다귀를 물고 가던 강아지가 물 속에 비친 자기 모습을 보고 멍멍 짖습니다. 입에 물고 있던 뼈다귀를 물에 빠뜨린 강아지는 슬퍼서 울었습니다.

---

94 95

👧 창의적 문제해결력

1 어제 하루동안 시계가 나타내는 시각에 무엇을 하였는지 쓰고, 그림으로 나타내 보시오.

예

유치원 가기	쌓기놀이	놀이터에서 놀기

오전	오전	오후

책 읽기	밥 먹기	잠자기
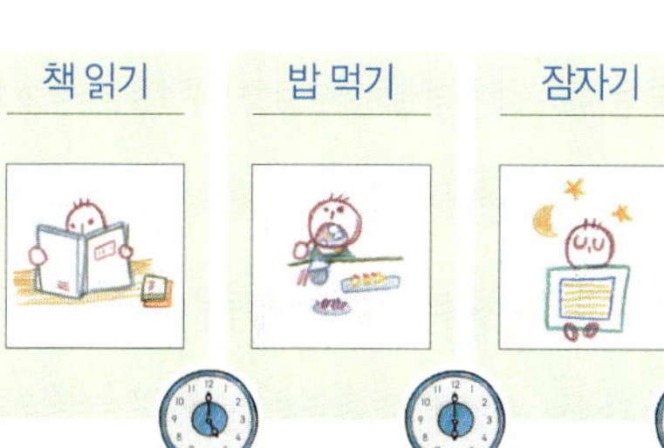		
오후	오후	오후

📍 동영상 특강
QR 코드를 찍어 보세요!!

2 시간의 흐름에 따라 주어진 계절 스티커를 차례로 붙이고, 각 계절과 어울리는 그림을 찾아 선으로 이으시오.

준비물 계절 스티커

1   2   3   4

봄에는 새싹이 나고, 여름에는 물놀이를 합니다. 가을에는 낙엽이 지고, 겨울에는 크리스마스가 있습니다.

정답 및 해설 **21**

MEMO

MEMO

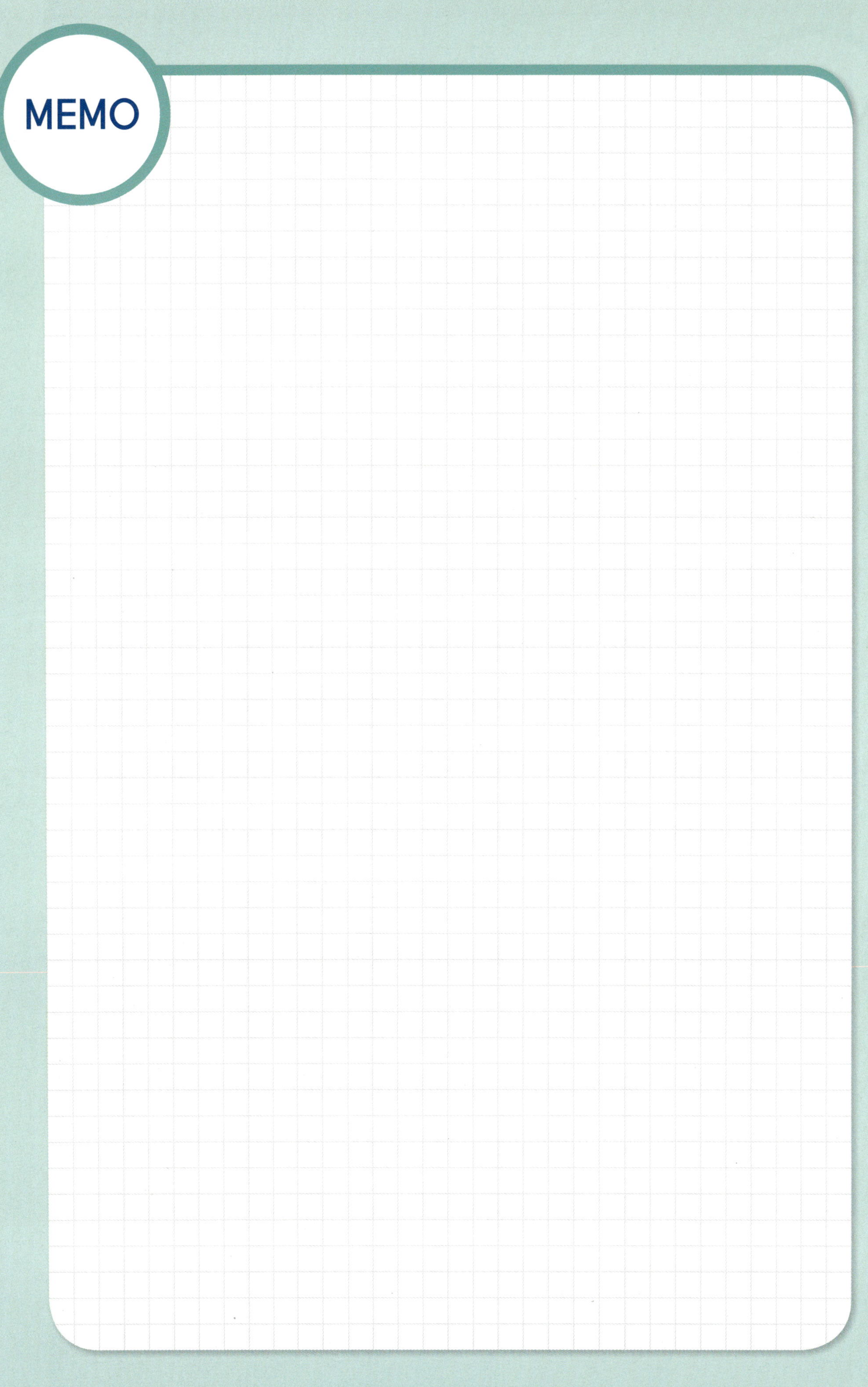
MEMO

35쪽에 사용하세요.

준비물 간식 스티커

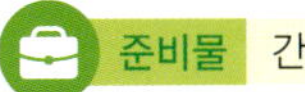 

준비물 건물 스티커

37쪽에 사용하세요.

준비물 현우 가족 스티커

41쪽에 사용하세요.

준비물 다트 스티커

45쪽에 사용하세요.

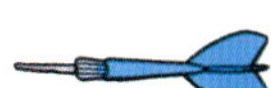 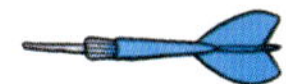    

40쪽에 사용하세요.

46쪽에 사용하세요.

태돌

태돌

현우

현우

티나

티나

62쪽에 사용하세요.

47쪽에 사용하세요.

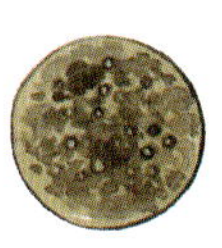   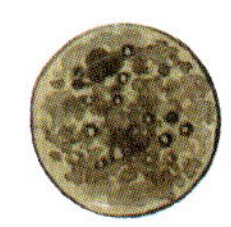  

51쪽에 사용하세요.

54쪽에 사용하세요.

 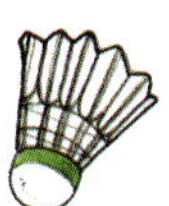 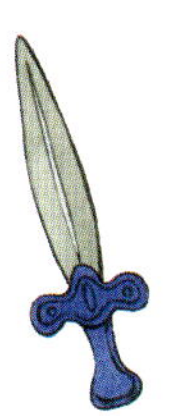   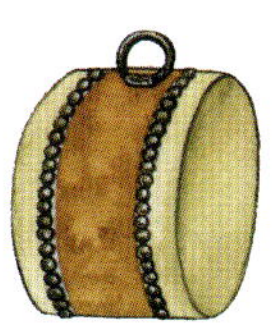

  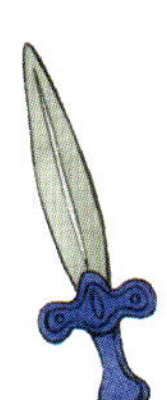   

63쪽에 사용하세요.

79쪽에 사용하세요.

93쪽에 사용하세요.

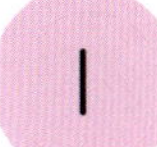 1　2　3　4　　1　2　3　4 

95쪽에 사용하세요.

14쪽에 사용하세요.

29쪽에 사용하세요.